SOUVENIRS

DU VOYAGE DE SON EXCELLENCE M. LE COMTE DE PERSIGNY

DANS LE DÉPARTEMENT DE LA LOIRE

EN 1862

SOUVENIRS
DU VOYAGE DE S. EXC. M. LE COMTE DE PERSIGNY
DANS LE DÉPARTEMENT DE LA LOIRE
ET DE LA SESSION DU CONSEIL GÉNÉRAL EN 1862.

INAUGURATION
DE
LA DIANA
SOCIÉTÉ HISTORIQUE ET ARCHÉOLOGIQUE DU FOREZ
PAR M. DE PERSIGNY
PRÉSIDENT

EXTRAITS DU COURRIER DE SAINT-ÉTIENNE
PAR CHARLES ROBIN

SAINT-ETIENNE
IMPRIMERIE TYPOGRAPHIQUE DE CH. ROBIN
PLACE MARENGO, 5, ET RUE DE LA BOURSE 1.

1862

I

*Indocti discant et ament
meminisse periti.*

C'est toujours un événement qu'un voyage de M. le comte de Persigny dans le département de la Loire, car sa présence y est marquée chaque fois par des actes d'une haute importance pour l'avenir de notre pays. Appelé, cette année encore, par la confiance de l'Empereur, à présider notre Conseil général, M. de Persigny a profité de son séjour parmi nous, pour procéder à l'inauguration de la *Diana*, Société historique et archéologique du Forez. Cette institution, appelée à rendre de si grands services à notre histoire nationale, est entièrement due à l'initiative de M. de Persigny. C'est son œuvre, c'est à son zèle ardent à découvrir et à provoquer toutes les grandes améliorations qui peuvent contribuer à rétablir dans son ancien bien-être et son antique prospérité une province qui lui est chère, que nous devons à la fois la fondation d'une Société savante et l'acquisition du monument dont elle porte le nom, la *Diana*, ancienne salle des Etats du Forez, renfermant tant de précieuses indications héraldiques.

Mais avant de relater les divers incidents de la cérémonie d'inauguration de la *Diana*, à Montbrison, et des brillantes ovations dont M. de-Persigny fut l'objet à cette occasion, nous allons esquisser rapidement les intéressants épisodes du séjour de notre illustre compatriote à Saint-Etienne.

II

C'est le 24 août, à sept heures et demie du soir, que M. de Persigny est arrivé à Saint-Etienne, presque incognito, car, selon le désir qu'il en avait exprimé, aucune réception officielle ne lui fut faite. Il était déjà depuis longtemps descendu chez son parent et ami, M. d'Espagny, receveur général de la Loire, qu'une foule empressée l'attendait encore aux abords de la gare pour saluer de ses respectueuses et sympathiques acclamations le ministre libéral, le bienfaiteur de son pays natal. Il faut avoir vu, comme nous, l'empressement vraiment enthousiaste de nos populations sur les pas de M. de Persigny, pour se faire une idée de l'immense et légitime popularité dont il jouit dans notre département, où il est sincèrement aimé, pour lui-même et pour le bien qu'il fait avec un si généreux désintéressement.

Le lendemain de son arrivée, le 25, M. de Persigny ouvrait la session du Conseil général en se bornant à quelques paroles d'un intérêt tout local. Il a fait connaître, entre autres choses, ses actives démarches pour obtenir des Compagnies de chemins de fer des diminutions sur les prix exorbitants de leurs tarifs, notamment sur la ligne de Rhône et Loire. Par d'autres communications, M. le Ministre a prouvé une fois de plus qu'il réalisait ses promesses d'être l'avocat du département.

Le Conseil général s'est montré heureux de ce que la santé et les nombreuses occupations de M. le Ministre lui aient permis de venir présider à ses travaux. Il l'en a félicité doublement, car le Conseil a pu ainsi témoigner à son illustre président son respectable et sincère attachement, et profiter, pour la solution d'utiles questions qui lui sont soumises, de sa haute expérience et de ses lumières.

Le Conseil a prié le Ministre d'agréer ses remercîments pour la bienveillante et constante sollicitude qu'il témoigne en faveur des intérêts du département et l'a prié, en outre, de vouloir bien en être toujours l'avocat. M. de Persigny, avec ce tact et ce goût exquis qui lui appartiennent, a répondu à toutes ces félicitations, mais il n'a pas fait la moindre allusion à la politique.

Le soir, après le dîner offert par le préfet au Conseil général, il y a eu réception officielle où M. de Persigny a renouvelé connaissance avec les Stéphanois, heureux de retrouver dans l'homme d'Etat le compatriote toujours fidèle aux souvenirs de la terre natale.

III

Dans la journée du mardi 26, M. de Persigny, mettant à profit les instants très-courts que lui laissaient les travaux du Conseil général et les préoccupations de tous les moments que font naître en lui nos intérêts industriels, a donné audience aux divers corps constitués de notre ville.

La Chambre de commerce, présentée par M. Félix de Bouchaud, son président, tenait particulièrement à exprimer à notre illustre compatriote les sentiments de reconnaissance, de respectueuse affection, de confiance profonde qui animent le pays à l'égard de Son Excellence. A M. de Bouchaud était réservé l'honneur de lui dire combien chacun ici est heureux de le savoir placé à la tête de l'assemblée à laquelle incombe le soin d'étudier et de résoudre les grandes et vitales questions d'où dépend la prospérité de notre pays.

M. de Bouchaud l'a fait en ces termes :

« Monsieur le Ministre,

» La Chambre de commerce de Saint-Étienne est heureuse de vous présenter ses respectueux hommages. Elle vient saluer non pas seulement l'hôte illustre que notre industrieuse cité a l'honneur de posséder, le Ministre éminent, confident des hautes pensées de l'Empereur ; elle salue surtout en vous l'enfant glorieux de notre département, le compatriote si ardemment dévoué aux intérêts du pays qui l'a vu naître.

» Votre pensée, en effet, se dérobant un instant aux grandes questions d'intérêt général qui l'occupent habituellement, se prête durant ces quelques jours, avec une bienveillance dont nous sommes aussi fiers que reconnaissants, à l'étude attentive des besoins de nos industries locales et des mesures propres à les développer.

» Qu'il me soit permis de les rappeler sommairement à Votre Excellence :

» Des tarifs exceptionnellement élevés sur le
» chemin de fer de Rhône et Loire enlèvent à
» nos houilles et à notre métallurgie des mar-
» chés qui devraient tout naturellement nous
» appartenir.

» Notre ville, qui fournit au chemin de fer de
» Paris à la Méditerranée un tonnage énorme au-
» quel il peut à peine suffire, se voit impitoyable-
» ment refuser des trains express sur Paris. Elle
» subit ainsi dans l'arrivée et le départ de sa
» correspondance les retards et les gênes les plus
» nuisibles, quand avec un peu de complaisance
» il serait si facile de les éviter.

» Quelques formalités inutiles, en désaccord
» avec la loi si libérale de 1860, entravent encore
» l'essor d'ailleurs si remarquable et la libre ex-
» tension de notre arquebuserie.

» Enfin, notre département, que les voies fer-

» rées existantes unissent déjà à la Méditerranée
» et à la Manche, aspire à se relier avec Clermont
» et le centre de la France, et, de là, avec les
» ports de l'Océan. »

» Telles sont les questions qui dans ce moment préoccupent à bon droit les industriels du département de la Loire.
» Votre Excellence en a bien vite saisi toute l'importance ; aussi sommes-nous heureux de penser que, soit dans les conseils de l'Empereur, soit dans la marche générale des affaires, vous saurez leur ménager une solution favorable.
» Vous aurez ainsi acquis de nouveaux titres à la reconnaissance de nos populations, en assurant à leur travail de larges débouchés, et vous leur ferez bénir le nom de l'Empereur. »

A ce discours, où sont si bien formulées, en quelques mots, les mesures que réclament les intérêts du département de la Loire, M. le comte de Persigny a répondu d'une manière qui prouve combien est légitime la confiance que notre commerce a en lui, combien est juste le sentiment qui fait regarder sa présence à la tête de notre Conseil général comme un bienfait de l'Empereur. Son Excellence a donné à la députation et à son président l'assurance que le Gouvernement, toujours animé de la sollicitude qu'il n'a cessé de montrer en ce qui peut tendre à l'accroissement de la prospérité nationale, s'attacherait à faciliter par tous les moyens possibles le développement déjà si avancé de nos industries.

Cette déclaration est une preuve nouvelle de la

haute protection que le Gouvernement de l'Empereur accorde à notre pays; nul doute que les vœux de la Chambre de commerce, portés jusqu'à l'Empereur par M. le comte de Persigny, ne soient favorablement accueillis et entendus.

La députation s'est retirée, emportant le souvenir de la bienveillante réception qui lui a été faite par le Ministre.

IV

Le banquet qui a eu lieu le soir à l'hôtel du Nord a été on ne peut plus brillant, digne à la fois de M. de Persigny, à qui il était offert comme président du Conseil général, et digne de ceux qui le lui offraient.

Au dessert, M. le vicomte de Vougy, directeur général des lignes télégraphiques, vice-président du Conseil général, a porté un toast ainsi conçu :

« A l'Empereur !

» Elu du peuple, son courage et sa fermeté nous ont sauvés de l'anarchie. Par son génie, la France est redevenue la première des nations.

» A l'Impératrice !

» Son noble caractère, sa grâce et ses vertus, lui ont conquis tous les cœurs; chacun de ses jours est marqué par des bienfaits.

» Au Prince Impérial!

» Espoir de la France, qu'il grandisse pour devenir le noble Héritier de la gloire de son Père et assurer à notre beau pays bonheur et prospérité ! »

Les cris de : *Vive l'Empereur!* ont répondu, de tous les points de la salle, au patriotique toast de M. de Vougy.

M. Lachèze, vice-président du Conseil général, a ensuite, dans une heureuse improvisation, formulé le toast suivant :

« Messieurs,

» Quand nous portons un toast à Monsieur de Persigny, nous le portons sans phrases, avec cet élan du cœur qui nous entraîne vers celui auquel toutes nos sympathies, toutes nos affections sont depuis longtemps acquises.

» Ici, comme dans tout le département, cet élan sera le même lorsqu'on nous conviera à crier : Vive monsieur de Persigny !

» Lorsque nous entendons, chaque jour, aux grandes choses accomplies par Napoléon III, mêler à juste titre le nom de son illustre Ministre, le nom de Monsieur de Persigny, habitants de la Loire, nous sommes fiers de dire : ce Ministre, *c'est le nôtre*, c'est un des plus glorieux enfants de notre pays.

» Nous nous serrons autour de lui comme en une autre contrée l'on se serre autour d'un noble chef de clan, parceque nous savons que sa bannière protége toujours tout ce qui touche à l'honneur, à la gloire, à la prospérité de la France. »

A cet hommage si simple et pourtant si élevé, disant si bien les sympathies acquises à M. de Persigny et les sentiments qu'il inspire à tous ceux qui sont fiers d'être les enfants du même pays que lui, le Ministre a répondu en quelques mots, pleins de cette chaleur de cœur, de cette distinction de pensée qui caractérisent tout ce qu'il dit.

Voici le texte même de sa réponse :

« Je remercie votre honorable vice-prési-
» dent des paroles si flatteuses qu'il vient de
» prononcer ; je vous remercie également,
» messieurs, des témoignages de sympathie
» dont vous ne cessez de m'honorer. Je ne
» puis vous dire combien j'en suis touché.
» Assurément, je n'ai pas la prétention de
» porter bannière au milieu de vous, mais
» de servir avec vous sous cette noble, an-
» tique et chère bannière du Forez. Hono-
» rons, respectons cette bannière, et ser-
» vons-la avec amour. Ce pays est digne de
» notre dévouement ; il a de grands mérites
» à mes yeux, et l'un de ces mérites, c'est
» d'avoir choisi, pour le représenter, un
» Conseil général qui est un modèle d'hon-
» neur, de loyauté et de sagesse.

» Permettez-moi de porter un toast au
» Conseil général de la Loire. »

Inutile de dire comment ces paroles ont été accueillies par l'assemblée ; une si grande simplicité, une émotion aussi touchante, ne pouvaient manquer de soulever d'unanimes applaudissements, et M. le comte de Persigny a pu se convaincre une fois de plus que cette émotion du cœur, à laquelle il cédait, était partagée de tous.

V

A la suite du dîner à l'hôtel du Nord, Son Excellence s'est rendue au Cercle des arts et du commerce où l'attendait le Punch qu'il avait bien voulu accepter. Le Cercle avait à cœur de faire dignement les choses et de prouver, par la réception qu'il ménageait à son illustre invité, l'estime que la population stéphanoise tout entière, représentée au Cercle par ses principaux membres, a pour l'homme politique, en même temps que l'affection qu'elle ressent pour son noble concitoyen.

Un grand nombre de personnes avaient été conviées par le Cercle et attendaient, bien avant l'heure, l'arrivée du Ministre. Dans les salons, décorés pour la circonstance, circulaient, à côté des hauts fonctionnaires, des autorités municipales, de plusieurs officiers de la garnison, les principaux commerçants et industriels de Saint-Etienne et des localités importantes du département.

Cette réunion, on pouvait le pressentir, n'était pas seulement une fête, mais une communion des intelligences et des cœurs pour tous ceux qui devaient s'y trouver réunis.

C'est à neuf heures que le président de notre Conseil général, portant la plaque de grand'croix de la Légion-d'Honneur, a fait son entrée dans les salons du Cercle, accompagné par M. Mouzard-Sencier, préfet de la Loire, le général commandant la subdivision militaire, M. d'Espagny, receveur général, et les conseillers généraux. M. Vier, président du Cercle, entouré des membres du bureau, a reçu Son Excellence, et, les membres du Conseil général s'étant rangés autour de leur président, notre premier adjoint a prononcé le discours qui suit :

« Monsieur le comte,

» Nous vous remercions d'avoir bien voulu venir au milieu de nous.

» Nous vous en remercions, non-seulement parce que nous sommes profondément touchés d'un tel honneur, mais encore parce qu'il nous est donné, après deux ans d'intervalle, d'exprimer une fois de plus à Votre Excellence les sentiments que le temps n'a fait qu'accroître et fortifier.

» Depuis deux années, en effet, dans cette sphère nouvelle où vous a appelé, aux applaudissements de la France, la sagesse de notre glorieux Empereur, que de titres n'avez-vous pas ajoutés à ceux qui vous avaient conquis déjà la reconnaissance et le dévouement de notre importante cité ?

» Secondé, à Paris, par le personnage éminent que vous nous avez enlevé pour le rapprocher de vous, ici par l'administrateur aussi zélé qu'habile que vous nous avez donné, vous vous êtes préoccupé sans cesse de nos intérêts, de nos besoins, et notre population n'oubliera jamais qu'au milieu de la longue et douloureuse crise que subit la première de nos industries, elle a toujours trouvé en vous les sympathies les plus vives et le concours le plus généreux.

» Recevez donc, Monsieur le Comte, l'hommage que sont heureux de vous rendre notre commerce, nos industries, nos arts, associés ici dans les loisirs que leur laissent les travaux de chaque jour ; permettez-nous de ne point séparer de son chef illustre le Conseil général dont vous êtes entouré, et dont chaque année nous saluons avec tant d'empressement le retour. »

De telles paroles étaient bien celles qui convenaient à la circonstance. L'approbation générale ne pouvait manquer à M. Vier, alors qu'il rendait si justement, si vivement la pensée de chacun.

M. de Persigny, en le remerciant de ce qu'il venait de dire, a exprimé de nouveau les sympathies qu'il ressent pour notre ville, et l'a assurée de la constante et profonde sollicitude du Gouvernement de l'Empereur.

Voici ses paroles :

« Monsieur le Président,

» Je vous remercie de l'accueil que vous
» me faites. Je vous remercie surtout de
» croire à ma profonde sympathie pour cette

» grande cité. Saint-Etienne n'est pas seu-
» lement une gloire du Forez, mais de la
» France. Comme vous l'avez reconnu, dans
» les pénibles circonstances que nous venons
» de traverser, le Gouvernement n'a cessé
» de veiller sur ce grand foyer industriel. Il
» a rendu hommage à la patience, à la rési-
» gnation, au courage avec lesquels votre
» noble population ouvrière a traversé ces
» temps difficiles. Soyez certain que l'Em-
» pereur n'oubliera rien de ce qui peut vous
» aider à supporter les conséquences fâ-
» cheuses de la guerre d'Amérique. Si elles
» se prolongeaient jusqu'à l'hiver prochain,
» son Gouvernement ne manquerait pas
» d'étendre de nouveau sa main pour adou-
» cir et soulager les misères si noblement
» supportées. »

Ces remerciements si simplement, si sincèrement exprimés, cet hommage rendu à notre ville, à ses travaux, à son courage dans l'adversité, par un ministre à qui elle doit tant, l'assurance donnée par lui de la protection du Gouvernement, en ce qui concerne l'avenir, tout cela était bien fait pour entraîner l'assemblée, qui a unanimement applaudi aux nobles paroles du Ministre. De telles promesses sont précieuses, en effet, dans les circonstances actuelles, précieuses pour les hommes qui sont à la tête de notre commerce et de notre industrie, plus précieuses encore peut-être pour ces laborieuses légions qui travaillent sous leurs ordres, et qui ont besoin de savoir que la main du Souverain est tendue au-dessus d'eux pour les aider, qu'un œil vigilant et qu'un cœur dévoué sont là aussi pour signaler à sa généreuse sollicitude leurs souffrances et leurs besoins.

Après avoir félicité le Cercle musical, qui avait voulu s'associer à la fête de ce jour, en exécutant dans les salons du Cercle du commerce les plus brillants morceaux de son répertoire, après avoir passé un certain temps au milieu des invités, M. le comte de Persigny s'est retiré, laissant l'assemblée sous le charme produit par son affabilité courtoise et par une inépuisable bonté de cœur qui se révèle dans tous ses actes privés. Quant à ses actes publics, c'est surtout à lui qu'on peut appliquer le *justum ac tenacem* d'Horace. L'homme juste et ferme en son dessein...

VI

Tout en se consacrant aux travaux du Conseil général, M. de Persigny a su encore trouver des moments pour visiter nos principales usines. Ainsi, dans la journée du mercredi 27, il s'est rendu à l'usine des Rives, dépendant de la Manufacture impériale d'armes, accompagné de M. d'Espagny et de son secrétaire particulier, M. Delair.

M. Briant, lieutenant-colonel d'artillerie, directeur de l'établissement, entouré de ses officiers, et M. Félix Escoffier, entrepreneur, au milieu de ses principaux employés, attendaient M. de Persigny qui, avec une attention marquée, a visité et suivi, dans tous leurs détails, les procédés de fabrication. Rien n'a échappé à l'examen du Ministre, qui porte un intérêt particulier à l'industrie armurière; M. de Persigny n'ignore pas que, toujours florissante à Saint-Etienne, c'est elle qui, avec l'industrie métallurgique, au milieu des crises dont les industries de la soie sont victimes, a contribué à conserver son importance et sa suprématie à notre cité.

M. le Ministre s'est ensuite rendu à la Manu-

facture où il a suivi tous les procédés de fabrication des fusils doubles à canon en acier fondu. Son Excellence a exprimé un regret que nous partageons : c'est de ne pas voir substituer le travail des machines au travail manuel. On pourrait ainsi lutter plus avantageusement avec la concurrence étrangère et fournir toutes les commandes que nous laissons échapper faute d'une organisation suffisante.

Sa visite terminée, M. de Persigny a complimenté chaleureusement le directeur et l'entrepreneur et a laissé pour les ouvriers une somme importante d'argent qui a été immédiatement versée à la masse de santé.

VII

. Les fêtes dont M. de Persigny a été l'objet de la part des Stéphanois, qui semblaient rivaliser de zèle pour témoigner à Son Exc. leurs sentiments d'affection et de dévouement, se sont continuées dans la soirée du 27 à la recette générale.

Une affluence empressée s'était rendue à l'invitation de M. d'Espagny, un des fonctionnaires aimés et justement estimés du département de la Loire. La réunion a été des plus brillantes. Les salons étaient resplendissants de lumière et tout remplis de fleurs, habilement disposées au milieu de massifs de verdure.

On connaît le splendide bon goût qui distingue les soirées de M. d'Espagny, l'éclat de ses fêtes, la grâce charmante de Mme d'Espagny, et la courtoisie de notre receveur général. Il est donc superflu d'insister.

Pendant toute la soirée, M. de Persigny qui a ouvert le bal avec Mme Sencier, a été l'objet des marques les plus vives de respect et d'empressement. Chacun semblait jaloux de manifester au courageux et honnête Ministre de l'Empereur, tout ce qu'inspirent ses sentiments de droiture et l'esprit d'équité qui distinguent son administration.

Tout le monde exaltait à l'envi l'urbanité exquise de Mme et de M. d'Espagny, dont l'attention, sans cesse vigilante pour les invités, a su faire à chacun un accueil des plus aimables. Quant à M. de Persigny, nos compatriotes, en partant, étaient unanimes pour exprimer l'estime profonde qu'ils ont vouée à l'homme politique et l'affectueux dévouement qu'ils portent à leur éminent concitoyen.

VIII

Labor improbus omnia vincit.

Le jeudi 28, M. le comte de Persigny a visité l'établissement des Aciéries et forges de Firminy, dirigé par MM. Verdié et C¹ᵉ. Son Excellence ne pouvait moins faire, avant de quitter Saint-Etienne, ayant, à un précédent voyage, visité en détail les usines de Terre-Noire et de l'Horme, et celles de Saint-Chamond, d'Assailly et de Rive-de-Gier, de MM. Petin et Gaudet. Cette nouvelle excursion est encore une preuve des sympathies du Ministre pour nos industries, et un gage de bienveillant appui pour l'avenir.

C'est vers deux heures de l'après-midi que M. de Persigny s'est rendu à Firminy, accompagné de M. le Préfet, de M. d'Espagny, de M. le secrétaire général, de M. de Charpin-Feugerolles, député de la Loire, et de MM. de Bouchaud et Pupil de Sablon, membres du Conseil général.

Bien que les ouvriers des usines n'eussent été prévenus que tard, dans la matinée, de la visite de Son Excellence, tous spontanément s'étaient empressés de pavoiser les abords de l'établissement, ainsi que les ateliers, de nombreux drapeaux aux couleurs nationales. Tout dans l'établissement avait pris un air de fête. La société philharmonique des Aciéries et forges de Firminy s'était réunie autour de sa magnifique bannière verte et or, à l'entrée de la principale cour, et quand M. de Persigny est arrivé, c'est au son de la musique, au bruit des salves des boîtes d'artifice, qu'il est descendu de voiture et a été reçu par M. Verdié, M. Poyeton et MM. les chefs de service des usines.

M. Verdié a exprimé, dans les quelques mots qui suivent, le plaisir que lui causait la visite du Ministre et la reconnaissance que lui en gardera tout le personnel des usines :

« M. le Ministre,

» C'est avec la plus vive satisfaction que je reçois la visite dont Votre Excellence veut bien m'honorer.

» Vous, Monsieur le Ministre, à qui les travaux incessants pour le bonheur du pays laissent si peu de temps, vous daignez néanmoins porter vos regards et votre sollicitude sur de modestes établissements comme celui que j'ai l'honneur de diriger. Recevez mes bien sincères remercîments, en mon nom et en celui du personnel de l'usine.

» Nous profiterons de cette belle occasion pour prier Votre Excellence de vouloir bien être notre interprète auprès de S. M. l'Empereur. Dites-Lui que dans ces montagnes, dans cette poussière de nos fourneaux, il n'y a que des cœurs sincèrement dévoués à Sa personne, à Sa dynastie, qui forment les vœux les plus ardents pour Son bonheur et la prolongation de Ses jours, et que c'est avec entraînement que nous disons tous : *Vive l'Empereur ! Vive Monsieur le comte de Persigny!* »

Des acclamations enthousiastes ont prouvé à M. de Persigny, à la fin de cette allocution, que les paroles du chef des Aciéries et forges de Firminy étaient bien l'expression de la pensée de tous. M. le ministre a répondu qu'il était heureux de visiter un établissement dont il avait avantageusement entendu parler.

« Je sais, a ajouté Son Excellence, que l'indus-
» trie de l'acier a fait un grand pas par les soins
» de M. Verdié, et c'est avec bonheur que je vois
» l'excellent esprit qui anime ici tous les travail-
» leurs. »

De nouvelles acclamations ont accueilli ces paroles, et M. de Persigny s'est aussitôt dirigé vers les ateliers avec les personnes qui l'accompagnaient. Pendant tout le temps qu'il a passé dans l'établissement, les détonations de boîtes se sont fait entendre, en même temps que jouait la musique de la Société philharmonique des Aciéries et forges de Firminy.

C'est à la fonderie d'acier que s'est tout d'abord rendu M. de Persigny, et il a paru prendre le plus vif intérêt à l'opération de l'aciérage des bandages de chemins de fer, qui est la spécialité de MM. Verdié et Cie. M. le Ministre a bien voulu demander un échantillon de la cassure du bandage et, tout en admirant la perfection de la soudure, il s'est fait donner à ce sujet de longues explications.

On est ensuite descendu dans les halles de laminoirs où M. de Persigny, après avoir suivi avec une grande attention l'opération du laminage des bandages, a assisté, sous la halle des pilons, au matriçage des bandages, à la fabrication des essieux et au corroyage du fer fin pour bandages et essieux. Le Ministre a demandé des explications sur la fabrication de l'acier puddlé, sur le choix de ces aciers pour la fusion, et, tout en interrogeant, a fait preuve de connaissances sérieuses, non-seulement au point de vue de la métallurgie en général, mais encore en ce qui concerne spécialement la fabrication des aciers.

Satisfait de ce qu'il venait de voir et d'entendre, M. de Persigny a parcouru les ateliers en construction, les halles à laminoirs, les nouveaux fours à puddler, puis l'atelier de fabrication de ressorts pour chemins de fer et carrosserie. Un des points qui ont le plus vivement intéressé Son Excellence a été l'épreuve d'un ressort sous la charge de 5,000 kilog., sans perte de flèches. L'illustre visiteur a suivi, dans tous les détails, le montage des roues sur essieux pour chemins de fer, et s'est fait expliquer les avantages particuliers à la roue en fer Arbel et à la roue ordinaire à moyeu en fonte.

Enfin, M. de Persigny s'est rendu à l'atelier de fonderie de fonte et à la nouvelle fonderie d'acier de 40 fours qui vient à peine d'être achevée, et c'est par là que s'est terminée la visite du Ministre. Nous avons dit que tous les ateliers avaient été spontanément pavoisés le matin par les ouvriers des usines ; nous devons ajouter que, sur tout le parcours de Son Excellence, les plus chaudes acclamations n'ont cessé de le saluer.

En se retirant, après un séjour d'une heure dans les Aciéries, M. de Persigny a bien voulu demander à MM. Verdié et Poyeton des détails sur les développements de leurs usines et sur les progrès réalisés. Il a appris avec plaisir qu'en deux ans la Société des aciéries et forges de Firminy avait doublé ses bénéfices et qu'elle espérait, d'ici une année, doubler encore le dernier chiffre obtenu. Il a félicité, en termes bienveillants, M. Verdié des rapides accroissements de son industrie et n'a pas tardé à remonter en voiture. Toutefois, il n'a pas voulu quitter l'établissement qu'il venait d'admirer, sans laisser des traces de son passage, et, avec cette bonté de cœur qui le distingue, il a fait don à la caisse de secours d'une somme de 300 francs.

Les mêmes salves, les mêmes acclamations qui avaient accueilli le Ministre à son arrivée, l'ont salué et remercié à son départ, et, tout en s'éloignant pour se rendre au château de Feugerolles, chez M. de Charpin, député de la Loire, il a pu entendre encore les cris de : *Vive M. de Persigny!* et le bruit de la musique, qui retentissaient comme le dernier écho des brillantes ovations qu'il venait de recevoir.

IX

Le 29 août a été la grande journée, l'inauguration à Montbrison de la *Diana*, le but, en quelque sorte, du voyage de M. de Persigny dans la Loire.

Nous ne pensons point qu'il soit possible de raconter exactement tous les faits de cette splendide journée, dont le souvenir se perpétuera dans les annales du Forez. Ce qu'il y a de certain, c'est que les sentiments qui s'y sont si vivement et si unanimement manifestés resteront éternellement gravés dans les cœurs de tous ceux qui, de près ou de loin, y ont participé.

C'est à onze heures précises que le train spécial, qui devait emporter de St-Etienne à Montrond M. le comte de Persigny et sa suite, a quitté la gare de Château-Creux. M. le ministre était accompagné du préfet du département, de MM. de Charpin-Feugerolles et Bouchetal-Laroche, députés; du général Pecqueux, de MM. d'Espagny, receveur général; de Vougy, directeur des lignes télégraphiques; Briant, lieutenant-colonel d'artillerie, directeur de la manufacture d'armes;

Félix Escoffier, Graëff, ingénieur en chef des ponts et chaussées; Delair, secrétaire particulier du ministre; Verdié, de Firminy; Barban fils, conseiller de préfecture, etc., etc. Le train spécial a franchi la distance de Saint-Etienne à Montrond en cinquante minutes. A la station, une calèche découverte, attelée de quatre chevaux de poste, conduite à la Daumont, attendait Son Excellence, qui a fait placer près de lui M. le préfet; en face, M. le comte de Charpin-Feugerolles et le général Pecqueux; deux voitures particulières, dans lesquelles sont montés des conseillers généraux, et deux omnibus de la Compagnie du chemin de fer ont reçu les divers invités. Le cortége est arrivé à Montbrison un peu avant une heure.

Toute la ville était en fête et attendait l'hôte illustre qui venait la visiter. La fête commençait dès la première maison du faubourg. Des drapeaux ornaient toutes les fenêtres, garnies de milliers de personnes qui, au passage de la voiture du Ministre, ont spontanément poussé les cris de : *Vive M. de Persigny!* La foule, entassée sur les deux côtés de la chaussée était impatiente de suivre le cortége. C'est au milieu de cette population, que ne parvenait pas à retenir une double haie des pompiers de Montbrison auxquels s'étaient complaisamment joints les pompiers de Boën, que les voitures ont pu arriver à la place Saint-Jean, où les autorités montbrisonnaises attendaient le Ministre pour le complimenter.

Les tambours ont battu aux champs, et M. le maire de Montbrison, à la tête de son conseil municipal, entouré de ses adjoints et des députations de toutes les communes de l'arrondissement, s'étant avancé vers Son Excellence, l'a félicitée en ces termes :

« Monsieur le Ministre,

» La ville de Montbrison est heureuse et empressée d'accourir au-devant de vous et de vous saluer de ses joyeuses acclamations. Elle se souvient avec reconnaissance qu'en l'honorant de votre visite, il y a deux ans, vous avez eu, pour comprendre ses besoins, les plus nobles et les plus généreuses inspirations du cœur ; vous avez été un compatriote, un ami.

» Nous n'espérions pas seulement votre retour, nous l'attendions avec une respectueuse impatience; si les services rendus commandent les sentiments de la reconnaissance la plus sincère, ils enchaînent aussi le bienfaiteur et le ramènent providentiellement vers ses protégés.

» Nous vous attendions donc, monsieur le comte, et vous attendre, n'était-ce pas donner à l'Empereur un nouveau témoignage de notre inaltérable attachement ? Il doit être heureux de voir entourer de l'estime et de l'affection de ses concitoyens l'ami fidèle qui, après avoir toujours eu foi dans l'Empire et dans l'Empereur, n'a pas aujourd'hui d'autre ambition que d'affermir la dynastie impériale, et de la faire respecter, en donnant à la France le spectacle de la probité la plus sévère, et en pratiquant cette noble maxime : *Si j'arrive au pouvoir, je veux avoir les mains pures et n'être même pas soupçonné.*

» Monsieur le comte, vous êtes, par l'amitié et par la confiance de l'Empereur, intimement lié à ses destinées, et nous pouvons dire d'avance : Napoléon III et le comte de Persigny, inséparables dans l'adversité, inséparables dans la fortune, seront inséparables dans l'histoire.

» Vive l'Empereur !
» Vive M. le comte de Persigny ! »

Après avoir laissé suivre son cours à une formidable explosion de vivats et de bravos prolongés, M. de Persigny a répondu à M. Majoux :

« Monsieur le maire,

» Je vous remercie de l'accueil que
» vous me faites. Je remercie également toute
» cette population, qui se presse autour de
» vous, de ses chaleureuses sympathies. J'en
» suis profondément touché. Déjà, il y a
» deux ans, alors qu'on venait de lui enlever
» son plus grand avantage, j'ai pu apprécier
» sa générosité par la réception qu'elle fit
» au représentant de l'Empereur. Je vous
» dis alors que je vous étais acquis corps et
» âme. Autant qu'il a dépendu de moi, cette
» promesse a été tenue. (Voix nombreuses :
» Oui ! oui ! c'est vrai !) Les travaux du che-
» min de fer de Montbrison à la ligne de
» Saint-Etienne sont commencés, ainsi que
» les grands travaux d'irrigation et d'assai-
» nissement qui feront de la plaine du Forez
» un des plus riches pays du monde. Vous
» pouvez compter sur moi. Je vous en donne

» une nouvelle preuve aujourd'hui, en venant
» au milieu de vous fonder une Société qui
» peut rendre les plus grands services à cette
» province et devenir l'une de ses gloires.
» Croyez-le bien, messieurs, je serai
» toujours heureux de pouvoir vous témoi-
» gner mes vives et réelles sympathies. »

Les derniers mots de cette cordiale allocution se sont perdus dans un hourrah universel, immense : c'étaient toutes les voix de la ville et de l'arrondissement acclamant le héros de la fête, cet *ami fidèle* de l'Empereur, cet homme d'Etat dont la vie est un exemple non interrompu de dévouement, de probité et d'honneur chevaleresque, ce ministre intègre et digne, qui n'a d'autre préoccupation que l'affermissement de l'empire, la prospérité de la France et le bonheur de son pays.

M. le maire a parlé de l'amitié fidèle de M. de Persigny pour le neveu de Napoléon Ier, et, à ce passage de son discours, des oui! oui! spontanés, irrésistibles sont sortis de toutes les poitrines. C'est cette fidélité constante que, dans un arc de triomphe, les jardiniers fleuristes de Montbrison avaient voulu rappeler par des combinaisons ingénieuses de fleurs emblématiques. Sur un large fronton de lierre, où les violettes de la reine Hortense se mariaient aux giroflées symboliques de la fidélité au malheur, on lisait :

AU PLUS FIDÈLE! A PERSIGNY!

Les Jardiniers.

Et des mâts vénitiens, des oriflammes, des banderolles, des festons, des guirlandes entouraient l'écusson des comtes de Persigny qui portent : d'argent à une bande d'azur chargée de trois coquilles d'argent.

L'intention éloquente des jardiniers de Montbrison n'avait pas besoin de commentaires, et quand un vieux maire de campagne, placé derrière nous, répondait — au mot de fidélité qu'a prononcé M. Majoux,— par un énergique : c'est vrai! ce brave et simple magistrat municipal ne connaissait même pas dans tous ses détails l'histoire de ce dévouement sans bornes que M. de Persigny a voué depuis trente ans au prince Louis Napoléon comme à Napoléon III. Il ne savait pas que depuis que M. de Persigny a donné de l'Idée napoléonnienne cette définition : « C'est la tradition tant cherchée du XVIIIe siècle, la vraie loi sociale du monde moderne et tout le symbole des nationalités occidentales, » (1) il a fait de ces paroles le programme de toute sa vie, le but de tous ses efforts. C'est lui qui ne quitta l'exilé d'Arenemberg que pour travailler sans relâche à la reconstitution du parti bonapartiste, disséminé pendant la Restauration, et dont les membres, épars et impuissants, erraient en Allemagne ou se cachaient en France aux recherches inquiètes et jalouses de la police de Charles X d'abord, de celle de Louis-Philippe ensuite. Partout et toujours on

---

(1) L'*Occident français*, revue politique, 1834, in-folio, un seul numéro a paru.

retrouve auprès de l'héritier légitime de l'Empereur cet homme généreux, dont l'esprit actif, résolu, intelligent, poursuivra jusques sous les verroux de Doullens la reconstitution de l'Idée napoléonienne. Mais passons ; le temps a résolu le problème si opiniâtrement poursuivi, et, comme l'étendard de Jeanne-d'Arc, l'écusson des Persigny brille du même éclat, dans les jours de triomphe et dans les jours d'affliction de son Souverain.

X

Revenons à la place Saint-Jean d'où cette digression n'a pu trop nous éloigner, grâce au discours du maire et au monument des jardiniers de Montbrison. Pour arriver devant ce dernier, on avait dû traverser un premier arc de triomphe, formé des attributs de l'Agriculture. Des gerbes entrelacées de fleurs montaient le long de deux hauts mâts, réunis par une double frise de verdure, sur laquelle on lisait, en lettres formées de poignées d'épis :

LES AGRICULTEURS DU FOREZ AU COMTE DE PERSIGNY.

Ici il est aussi impossible de compter les drapeaux, les mâts ornés d'oriflammes, les lanternes vénitiennes que de mesurer les festons et les guirlandes.

Enfin, le cortége s'ébranle ; les tambours recommencent à battre, les clairons ont donné le signal. A ce moment arrivait M. de St-Pulgent, l'ancien maire de Montbrison, aujourd'hui préfet de l'Ain, le restaurateur de la ville, celui à qui elle doit ses progrès, ses embellissements et ses établissements les plus précieux d'utilité publique, le magistrat municipal dont l'administration a laissé le plus de sympathies et d'aimables souvenirs. M. de Persigny l'aperçoit, s'avance vers lui et le presse dans ses bras avec un mouvement irrésistible de bonheur. On marche enfin. De la place Saint-Jean à la sous-préfecture ce n'est qu'un long triomphe. La foule acclame et applaudit avec frénésie; puis, après avoir salué le noble enfant du Forez, elle veut le revoir encore. Alors elle court, se précipite, et les acclamations retentissantes permettent à peine d'entendre la musique de Montbrison qui, sous l'habile conduite de son chef, M. Beguin, ouvre la marche sur l'air si sympathique de la reine Hortense. On prend ensuite la ligne des boulevards, coupés un peu avant la place de la Grenette par une porte simulée, au front de laquelle on lit : *Vive l'Empereur!* Sur des cartouches placés à droite et à gauche sont les noms des chefs-lieux de cantons de l'arrondissement.

Enfin, on arrive à la sous-préfecture. Les pompiers ont fait halte et repris la haie. On dirait que la foule s'est décuplée. La façade de l'hôtel de la sous-préfecture, décorée avec un goût parfait par M. Favrot, architecte de l'arrondissement de Montbrison, disparaît sous les fleurs et les arbustes qui en ornent le perron, les drapeaux qui montent jusqu'au faîte, et les préparatifs de l'illumination qui doit avoir lieu le soir.

Arrivé dans les salons de la sous-préfecture, M. de Persigny a reçu successivement les corps constitués, les officiers de la garnison, les fonctionnaires de tous les ordres et les maires et adjoints des communes du Montbrisonnais. — Et que de braves gens, composant des députations municipales, étaient impatients de pénétrer dans les salons, d'où ils ressortaient ravis de l'accueil bienveillant et familier que leur faisait le Ministre! Il y en avait qui pleuraient de plaisir, et l'un d'eux, ne sachant comment épancher l'enthousiasme qui débordait, a entonné à pleine voix la chanson populaire de l'*Exilé de Sainte-Hélène*. Des médaillés de Sainte-Hélène se sont mis à le suivre en fesant chorus au refrain :

« Son souvenir est gravé dans nos cœurs ! »

XI

A deux heures, M. de Persigny, souriant de joie, malgré la fatigue d'une pareille journée, s'est rendu au palais de Justice, ou devait avoir lieu, dans la salle de la Cour d'assises, l'inauguration de la *Diana*. Son Excellence s'est assise au fauteuil de la présidence, ayant à sa droite MM. de Charpin-Feugerolles et Balay de la Bertrandière, députés de la Loire, à sa gauche, M. Majoux, maire de Montbrison. En face, dans une tribune, on avait placé sur un stèle, entre des trophées de drapeaux, le buste de S. M. Napoléon III qui semblait prendre part à la fête si cordialement offerte à son Ministre, par ses heureux compatriotes.

A cette séance, il y avait des membres du Conseil général, des magistrats, les autorités civiles et militaires, et presque tous les membres de la nouvelle société historique et archéologique du Forez, qu'on allait constituer. Nous avons remarqué parmi eux MM. Palluat père et fils, M. de Meaux, M. de Poncins, M. de Rochetaillée, M. de Lescure, M. Raabe et toutes les notabilités du département.

Dès que tout le monde eut pris place, M. de Persigny, d'une voix claire, pénétrante, sympathique a prononcé le discours suivant, véritable chef d'œuvre de science archéologique, d'histoire et de haute philosophie sociale :

MESSIEURS,

Je commence par vous remercier de l'empressement avec lequel vous vous êtes rendus à mon appel. Quand, il y a quelques mois, l'occasion se présenta de sauver de la ruine un monument précieux de l'histoire du Forez ; quand la pensée me vint qu'on pourrait le faire servir à la création d'une Société destinée à glorifier notre province, je ne pouvais guère espérer que de si nombreuses et de si flatteuses adhésions viendraient si vite réaliser ce projet.

Je n'ai pas besoin de vous dire, Messieurs, combien cette marque de votre confiance m'a touché, mais je tiens à vous exprimer à quel point cette nouvelle preuve du caractère noble et généreux de notre province a excité ma sympathie. N'est-ce pas, en effet, un spectacle digne d'intérêt que cette attention donnée aux choses spéculatives du passé, dans un temps et dans un pays si fort absorbé par les préoccupations pratiques du présent; dans une province qui a fait de sa capitale l'un des plus riches foyers industriels de l'Europe, et qui prépare en ce moment même une vaste opération agricole ? Honneur aux hommes éminents de la magistrature, de l'armée, de l'agriculture, de l'industrie, qui ne craignent pas de négliger un moment leurs intérêts pour venir rendre hommage aux souvenirs de notre histoire ! Oui, Messieurs, je suis fier de trouver de pareils sentiments dans notre province, car le culte du passé honore le présent. Sans l'étude et l'expérience des siècles, pas de grandes choses ! Pas de grand peuple sans tradition !

D'ailleurs, plus la société moderne s'engage dans les voies industrielles, et plus les esprits d'élite, qui dans chaque pays marchent à la tête de la civilisation, doivent se retremper aux sources des idées généreuses. La préoccupation exclusive des intérêts matériels serait un danger pour l'esprit et un désenchantement pour l'âme, si la contemplation des temps chevaleresques et religieux ne réveillait sans cesse en nous les traditions d'honneur et de dévouement.

Au surplus, il ne faut pas croire qu'au point de vue même des intérêts purement matériels, l'étude du passé n'ait rien à nous apprendre. Quelque fiers que nous devions être des grandes découvertes de notre temps et des progrès que ces découvertes nous font accomplir chaque jour, en nous livrant les forces de la nature, nous n'avons pas à dédaigner les enseignements du passé. Voici, par exemple, le barrage du *Furens,* œuvre magnifique qui doit non-seulement préserver à jamais St-Etienne des désastres auxquels cette ville était sans cesse exposée, mais encore emmagasiner des forces précieuses pour son industrie et pour la santé de ses habitants. Assurément, nous pouvons nous féliciter d'avoir, les premiers, mis en pratique la belle théorie que l'Empereur a exposée sur le barrage transversal des rivières comme moyen de prévenir les inondations ; mais il faut le dire à la louange du passé, nous avions sous les yeux le plus splendide ouvrage de ce genre dans la digue du *Piney,* élevée par les Romains, restaurée par Louis XIV, et qui sera, j'espère, rétablie un jour pour la prospérité de notre province et la sécurité d'une vaste région de la France.

Autre exemple bien digne de remarque : nous travaillons aujourd'hui à la transformation de la plaine du Forez par un système combiné de canaux d'irrigation et de drainage qui doit lui rendre la richesse et la salubrité dont mille inductions historiques nous prouvent qu'elle jouissait jadis. Or, Messieurs, savez-vous ce que l'habile ingénieur qui préside à ce beau travail a déjà reconnu? C'est qu'à une époque reculée, le même travail a été exécuté par nos ancêtres ; car en cherchant les points inférieurs de la plaine pour le desséchement, et les points supérieurs pour l'arrosement, il trouve, aux mêmes points, les traces de canaux d'irrigation et par conséquent de drainage et ne fait que reproduire une opération antérieure. Il est donc démontré aujourd'hui que l'état actuel de notre plaine n'est que le résultat de l'encombrement des canaux exécutés dans le passé. Eh bien! Messieurs, si nous avions mieux connu l'histoire de notre province, nous aurions su, avec l'existence de ces travaux, la cause de l'antique prospérité comme de l'insalubrité actuelle de notre plaine, et l'incertitude où nous avons été à ce sujet n'aurait pas prolongé si longtemps l'état déplorable auquel nous allons enfin remédier aujourd'hui.

Permettez-moi d'appeler votre attention sur un dernier exemple : nous savons d'une manière certaine, par de nombreux documents sur le Forez, que nos montagnes étaient anciennement couvertes de riches pâturages, que l'agriculture pastorale faisait la richesse de notre pays et que de grandes familles foréziennes trouvaient dans les troupeaux de nos montagnes la source de leur puissance au dehors comme au dedans de la province. Or, que sont devenues ces richesses ? Aujourd'hui nos montagnes, avec leurs crêtes déboisées, leurs pentes dénudées et sans cesse appauvries par la culture même qui en mobilise le sol, pourraient dire si nous avons bien fait de renoncer aux traditions de nos ancêtres.

Ainsi, même au point de vue des intérêts matériels, nous avons avantage à étudier l'histoire de nos pères et à profiter de leur expérience.

Mais, Messieurs, comment étudier l'histoire de notre province dans l'état actuel de nos renseignements, sans la connaissance des documents à consulter, sans la possibilité de se les procurer, sans un centre d'études et de recherches ? Livré à ses seules ressources, l'esprit le plus désireux d'apprendre use son temps et ses forces à chercher les matériaux nécessaires et finit par se décourager devant l'impuissance de ses efforts.

Que si, au contraire, vous fondez dans la *Diana* une sorte de cabinet historiographique où soient réunies toutes les sources d'informations, par exemple, une bibliothèque de tous les livres ou manuscrits qui peuvent concerner le Forez, une seconde bibliothèque de tous les ouvrages faits par des Foréziens, un recueil des sceaux et médailles de la province ou fac-simile de ses objets, une collection de cartes géographiques et topographiques du Forez, de plans, dessins, vues, portraits ; des albums photographiques pour la reproduction de nos monuments archéologiques ; un cabinet de titres, chartes, actes authentiques, originaux ou copiés, et surtout un catalogue suffisamment détaillé de tous les documents qui peuvent intéresser notre province, dans les collections publiques ou particulières, dans les archives, bibliothèques, musées et cabinets de Paris, des départements et de l'étranger ; si vous faites, enfin, de la *Diana* un centre d'études et de recherches pour l'histoire du Forez ; je dis, Messieurs, que vous aurez élevé à la gloire de notre province un monument qui fera honneur à notre Société ; je dis que vous aurez fait une grande œuvre, peut-être sans rivale en Europe ; que vous aurez légué un précieux héritage à vos enfants et que, de cet illustre monument de la *Diana,* restauré et relevé par vos soins, sortiront un jour des travaux qui signaleront notre province à l'attention du monde civilisé.

Ici, permettez-moi de venir au devant des objections qui pourraient être faites. Personne, sans doute, ne niera l'importance du but proposé ni l'intérêt qu'a notre province à voir fonder une Société destinée à mettre son histoire en lumière. On ne niera pas davantage la convenance de choisir pour siége de la Société notre ancienne capitale, aujourd'hui déshéritée de ses avantages, et de consacrer à ses séances la salle même où se tenaient les anciens Etats de la province. Mais pourquoi, dira-t-on, attacher tant d'importance à la restauration d'un monument de la féodalité ? Pourquoi se préoccuper de ces blasons, de ces emblêmes, de ces vestiges d'une société si loin de nous ? que sont devenues les familles dont les couleurs brillaient à côté des armes du Forez? Et s'il en existe encore quelques-unes, pourquoi attirer l'attention de tout un pays sur des choses qui semblent n'intéresser que quelques personnes ?

Messieurs, avant de répondre à ces objections, je ferai remarquer que, pour juger sainement les temps anciens, il faut s'attacher à pénétrer le fond des choses sans plus se préoccuper des formes sociales que de la coupe des vêtements de nos ancêtres. Quelles que soient en effet les transformations d'une société, il y a des choses essentielles qui peuvent être considérées indépendamment de la physionomie particulière qu'elles affectent. Si nous nous transportons, par exemple, en imagination à la fin du XIII° siècle, à l'époque de la construction de la *Diana*, nous nous trouvons en plein moyen-âge, au milieu d'une Cour féodale, avec tout son luxe de bannières, d'emblêmes et d'armoiries. Ce spectacle semble différent de nos réunions actuelles. Qu'y a-t-il, pourtant, au fond de ces choses si étranges en apparence ?

Le comte du Forez, grand feudataire de la couronne de France, entouré de ses barons et de ses vasseaux, qu'est-ce autre chose que le délégué de la puissance souveraine, comme nous dirions aujourd'hui ? Ces hauts barons qui concourrent aux principaux actes administratifs de nos comtés, dont nous voyons les noms au bas des chartes du temps et qui forment le conseil supérieur de la province, n'est-ce pas, en principe, le Conseil général de notre département? Enfin, ces seigneurs, ces possesseurs de fiefs, de manoirs, qu'est-ce encore sinon les détenteurs du capital sous la forme presque exclusivement terrienne qu'il avait alors et que remplacent aujourd'hui nos propriétaires de terres et d'usines ? En dépit des formes et des aspects variables de siècle en siècle, c'est toujours la même société, le même peuple, et nos pères pourraient se reconnaître en nous comme nous pouvons nous reconnaître en eux.

Quant aux écussons qui ornent la salle de la *Diana,* nous allons voir à qui ils appartiennent et qui a le droit de s'en enorgueillir.

Aux temps où nous vivons, Messieurs, nous sommes frappés de la mobilité que présente l'histoire des familles tour à tour élevées ou abaissées par la fortune. Mais ce spectacle n'appartient pas seulement à notre siècle et à notre société telle que l'a faite le Code Napoléon. Si nous considérons le tableau que présente l'état social des huit derniers siècles, nous y voyons que, malgré les institutions tendant à immobiliser la propriété, pour une terre qui se maintient dans la même maison, mille autres passent de famille en famille ; que la liste des possesseurs de fiefs se modifie de siècle en siècle avec une étrange rapidité, et que sans cesse des familles disparaissent de la scène pour faire place à de nouvelles. La noblesse féodale, c'est-à-dire la noblesse des fiefs grevés du service militaire au moyen-âge, exposée par son dévouement même à mille causes d'affaiblissement et de ruine, ne cesse de se recruter dans les rangs de la bourgeoisie qui, sortie elle-même du sein du peuple par le travail et l'économie, parvient sans peine à la noblesse par l'acquisition des fiefs. Même dans les derniers temps, quand la noblesse devient une classe privilégiée par le maintien abusif de l'exemption des taxes, alors que les fiefs ne sont plus astreints au service militaire qui justifiait apparemment l'exemption, les voies pour arriver à la noblesse sont encore toutes grandes ouvertes à la bougeoisie. Non-seulement les anoblissements royaux, mais encore une foule de charges civiles, militaires ou judiciaires, accessibles au mérite ou à la fortune, lui en font franchir les degrés, de sorte que, tandis que la pauvreté rejette sans cesse d'anciennes familles et surtout les branches cadettes de ces familles hors de la classe privilégiée, de nouvelles y pénètrent à l'envi et comblent les vides laissés par les premiers. Pour quiconque, sans parti pris et sans préjugé sur ces matières, parcourt les titres, les registres, les terriers, c'est un singulier spectacle que ces transformations continuelles de la société. A certaine époque vous voyez des noms de laboureurs, d'ouvriers, que vous retrouvez à peine un siècle plus tard, portés par la bourgeoisie des villes et bientôt par la noblesse. Le phénomène contraire se produit tout aussi vite. Jetez les yeux sur les noms de la plus haute noblesse du XIII° siècle ; déjà au XIV° un grand nombre d'entre eux se trouvent dans la bourgeoisie et bientôt après parmi les ouvriers et les laboureurs ; et de cette manière se justifie ce proverbe, fameux au moyen-âge, qui peint si bien, dans l'histoire des familles, la mobilité des choses humaines : « *Cent ans bannière, cent ans civière.* »

Ainsi, Messieurs, loin que la noblesse ancienne ait été d'un sang différent du peuple, une race à part, comme on l'a dit pour flatter la vanité de quelques-uns aux dépens même de l'influence et de la popularité de la noblesse, la vérité est que, de même qu'il n'y avait pas de famille noble qui ne sortît du peuple, il n'y en avait pas non plus qui, au moins pour quelques-unes de ses branches, ne finît tôt ou tard par y rentrer. Que si, par exemple, nous considérons isolément l'histoire de notre province depuis l'établissement de la féodalité, c'est-à-dire depuis huit à neuf siècles, nous pouvons dire hardiment qu'après cette immense évolution de haut en bas et de bas en haut, il n'existe peut-être pas de famille aujourd'hui qui, par une ou plusieurs de ses branches, n'ait passé par les divers degrés de l'échelle sociale et touché à son tour et à son temps à la noblesse.

C'est, du reste, une loi mathématique qu'en remontant d'un certain nombre de générations en arrière, tout individu d'une nation a pour ancêtres, à une époque déterminée, la population de cette nation tout entière. Comme le nombre des aïeux, en commençant par ceux du père et de la mère de chaque individu, se double à chaque génération et que cette progression, pour vingt générations, dépasse déjà le chiffre d'un million, si nous prenons pour moyenne trois générations et demie par siècle, nous pouvons dire que chacun de nous a pour ancêtres tous les habitants du Forez, noblesse et peuple, au temps du comte Jean, le fondateur de la *Diana*.

Voilà la vérité de toutes les généalogies ; voilà les principes qui doivent servir de base à l'éducation des familles et non ces règles d'orgueil, de vanité, de mensonge, qui si longtemps les ont égarées. Que si, en effet, chacun pouvait connaître sa généalogie vraie, combien d'idées dans le monde ne seraient-elles pas modifiées ! Le plus ancien noble, sachant qu'il a des parents dans les plus humbles chaumières et jusque dans les réduits de la misère, tendrait la main à ses frères avec une charité plus sympathique. Le peuple, de son côté, voyant des représentants de son sang, de sa race, dans les plus hautes situations de la société, supporterait son sort avec plus de résignation et passerait avec moins d'envie auprès des détenteurs actuels de la richesse.

Messieurs, je ne fais pas de vaines hypothèses ; il y a deux peuples dans le monde qui comprennent de cette manière l'histoire de la famille : les Arabes et les Ecossais ; et c'est ainsi qu'ils ont été conduits à la tribu et au clan dont les membres, quelque nombreux qu'ils soient, à quelque rang social qu'ils appartiennent, se considèrent comme parents, portent le même nom et forment en quelque sorte une même famille.

Eh bien, Messieurs, comme les Campbell et les Mac-Donald, nous aussi, nous formons un clan issu de la même souche, pétri du même sang, héritier des mêmes traditions, et qui s'appelle Forez. Je n'ai donc pas besoin de dire qui a le droit de s'enorgueillir des couleurs, des emblêmes, des blasons de la *Diana*, car ce sont nos couleurs, nos emblêmes à tous. C'est notre passé, c'est notre histoire, c'est notre gloire; et nous faisons acte de bons citoyens en relevant et honorant ces reliques de nos pères.

Ce discours, souvent interrompu par les adhésions les plus flatteuses, par les sincères et chaleureux applaudissements de l'assemblée d'élite convoquée par M. de Persigny, a produit un effet indescriptible sur l'auditoire. Longtemps on est resté sous le charme des idées originales et neuves, des aperçus ingénieux de ce magnifique discours, où l'érudition abonde. Il n'est pas seulement savant au fond, il est aussi splendide comme forme. C'est pur comme style, c'est profond comme science, c'est fait avec un ordre clair comme le jour, *lucidus ordo*, et les sentiments les plus élevés, les plus généreux y dominent à chaque phrase. On sent dans ces admirables pages battre le cœur d'un enfant du Forez.

Nous ne reviendrons pas sur l'enthousiasme et l'unanimité des applaudissements qui ont accueilli les belles paroles de l'illustre président de la *Diana*. Chaque période nouvelle ouvrait de nouveaux horizons à l'admiration générale, sans distinction de partis ni d'opinion, et il y en avait là de toutes les nuances. Mais la parole aimable et éloquente de l'orateur allait au cœur de chacun. On aurait dit qu'il y avait entre ceux qui écoutaient et celui qui parlait une mystérieuse communion de sentiments et de pensées. En évoquant les souvenirs du Forez, en faisant l'éloge du vieux temps, *laudator temporis acti*, il semblait que l'illustre fils de cette terre, si riche en traditions chevaleresques, parlait à la fois tous les idiômes des aïeux. Disposant en quelque sorte de tous ces mâles et nobles cœurs des hommes du passé, il en faisait une chaîne d'union qui, enlaçant les cœurs de l'auditoire, les rapprochait doucement du sien, où ils finissaient par se confondre dans un seul cri d'amour pour la terre natale.

XII

Le discours de M. de Persigny a eu un immense retentissement en France et à l'étranger. La plupart des journaux, sans distinction d'opinion, l'ont reproduit et commenté avec de justes éloges. Nous allons donner les diverses appréciations de la presse parisienne, en commençant par le *Constitutionnel*, d'où nous extrayons les lignes suivantes :

« M. de Persigny, dans son discours, a salué avec une reconnaissance sympathique et en termes chaleureux l'empressement des hommes intelligents qui se pressaient autour de lui, fiers de participer à son œuvre et d'honorer, selon l'expression du Ministre, le présent par le culte du passé.

» Il a glorifié, avec une grande élévation de pensée, ce culte des traditions anciennes, si moralisateur et si précieux dans un siècle où la préoccupation des intérêts matériels tend à devenir exclusive. Il a montré que les enseignements du passé peuvent être féconds même en ce temps de grandes découvertes, et en présence des gigantesques progrès qui sont le fruit de ces découvertes.

» M. le comte de Persigny avait sous la main les preuves matérielles de sa théorie. A côté du barage du Furens, entrepris d'après la savante théorie de l'Empereur, il a rappelé un splendide ouvrage du même genre, la digue du Piney, élevée par les Romains, restaurée par Louis XIV, et qui attend une nouvelle et fondamentale répation.

»A propos du grand travail d'irrigation et de drainage qui se poursuit en ce moment pour la transformation et la fertilisation de la plaine du Forez, M. de Persigny a révélé la curieuse découverte d'un travail identique exécuté dans des temps reculés, et dont les ingénieurs n'ont, en quelque sorte qu'à suivre aujourd'hui les traces incomplètement effacées. »

Le discours prononcé à Montbrison par M. le comte de Persigny, à l'occasion de l'inauguration de la *Diana*, a aussi inspiré à M. Sainte-Beuve l'article suivant, également publié dans le *Constitutionnel* :

« J'ai regretté l'autre jour, je l'avoue, de ne pas être un peu de l'opposition, afin d'être plus en droit de dire ce que je pensais après avoir lu l'excellent et spirituel discours que M. le comte de Persigny a prononcé à Montbrison ; mais enfin de ce qu'on a l'honneur d'être, par goût et par choix, le serviteur et l'ami des gens, ce n'est pas une raison pour éviter de dire d'eux le bien que l'on pense. Ici, nous avons été devancé par tout le monde, par tous nos confrères de la presse, et nous nous en félicitons. Ce discours, prononcé le 29 août dernier, à la séance d'inauguration solennelle d'une Société historique locale, et accueilli avec une sympathie si marquée par toute la population d'un département et d'une province, est de nature à faire naître plusieurs réflexions.

» Je ne sépare pas le discours de tous les actes qui l'ont précédé, du rôle actif, bienveillant, vigilant, que M. de Persigny n'a cessé de remplir depuis des années dans le département de la Loire, dans ce vieux pays du Forez qui est le sien et où il s'est acquis une popularité, une amitié de toutes les classes, qui ne cherche que les occasions de se manifester. Voilà, me disais-je en parcourant le recueil local où l'on a réuni les touchants témoignages rendus à M. de Persigny dans ses visites à Saint-Etienne et à Montbrison, et qui sortent tout à fait du ton officiel, voilà une province qui vit, qui échappe au reproche qu'on a souvent adressé à notre centralisation administrative, d'ailleurs si utile, de n'être qu'un mécanisme, un ensemble de rouages, et de laisser en dehors le cœur et l'âme des populations. Les provinces autrefois vivaient, mais elles se cantonnaient aussi ; elles se séparaient volontiers du centre : ici, en voilà une qui subsiste ou qui revit avec un fonds de souvenirs, d'affections, et qui cependant ne fronde pas. Le vieux cœur se remet à battre à travers les mailles du réseau moderne et ne cherche pas à le briser. On a pourtant souffert dans ce pays de Saint-Etienne autant et plus que dans d'autres depuis deux années ; l'industrie y a traversé une pénible crise ; mais on a eu la force de souffrir sans s'irriter, sans accuser le gouvernement qu'on savait attentif et plein de sollicitude ; les plaintes étaient patientes, elles sentaient qu'elles arrivaient en lieu sûr, et personne n'eût dit ce mot injuste : *Ah! si l'Empereur le savait!*

Cette confiance, cette union, cette fusion des diverses classes dans un même intérêt, dans un même sentiment, offre un spectacle qui fait du bien. La France est une belle patrie ; elle a de ces jours où tous les cœurs n'ont qu'un seul vœu, qu'un cri éclatant ; ce sont des journées héroïques, populaires, militaires, même civiles, où l'on se retrouve, où tout se confond ; dates immortelles, véritables époques dans notre histoire! elles consolent de bien des intervalles. Mais aussi dans ces intervalles, que de misères, que de tiraillements, que d'inconséquences, que de velléités chétives, que de bouderies contre ce qui existe, que de taquineries de méchants enfants (et il y en a dans le nombre qui devraient être sages, car ils sont grands et même célèbres), et combien ils seraient attrapés tout les premiers si un mauvais Génie les prenait au mot! En ces tristes journées on est tenté de se demander vraiment si l'on est une nation forte, sérieuse, ayant le caractère fait. Oh ! si l'on pouvait sur tous les points de la France, à commencer par nous-mêmes au centre, inspirer un esprit d'union qui ne soit point de servilité, mais d'affection à une chose commune, à une seule et même chose qui soit nôtre, et qu'on n'aspire qu'à améliorer à perfectionner, oh! comme alors la France serait belle et forte, non-seulement dans ces grands jours qui ne sont qu'à elle dans l'histoire et par où elle éclate au monde, mais aussi dans ce *tous les jours* qui est bien de quelque prix dans la vie des peuples et dans celle des invidus.

» Que chacun y travaille selon ses forces, à sa portée, ou sur plusieurs points ou sur un seul. Il faut rendre à M. de Persigny cette justice qu'il a dans le cœur ce je ne sais quoi d'élevé qui répond bien à un tel sentiment, qui y sollicite et peut y rallier même des adversaires, qui va chercher en chacun ce qui est vibrant, et que le sentiment napoléonien historique et dynastique tel qu'il le conçoit dans son esprit et dans son culte, tel qu'on l'a entendu maintes fois l'exprimer avec une originalité saisissante (toute part faite à un auguste initiateur), est à la fois ami de la démocratie, sauveur et rajeunisseur des hautes classes, animateur de la classe moyenne industrielle en qui il tend à infuser une chaleur de foi politique inaccoutumée.

» En revenant au discours du Forez, on retrouve là dans la piquante théorie de la noblesse qui, à la bien entendre, n'est plus un privilége et doit se répartir à divers degrés entre tous les individus d'un même pays, une variante ingénieuse pour exprimer ce sentiment patriotique d'union. Il n'y a plus de démocratie absolue; il n'y a plus d'aristocratie retranchée : nous tous, enfants d'un même pays, nous nous divisons inégalement et à l'infini en deux classes qui se modifient, se pénètrent et travaillent à se refondre chaque jour en vertu d'un va-et-vient aussi naturel que l'est dans le corps la circulation du sang; parents riches et parents pauvres, voilà toute la différence. Puisse une explication si généreuse courir et se propager ! Et c'est ainsi que dans cette salle des anciens Etats du Forez, sauvée, grâce à lui, de la ruine et consacrée désormais à la Société historique de Montbrison, sous ces voûtes et entre ces murailles toutes chargées d'armoiries et d'emblèmes, M. de Persigny a fait que chacun pût y jeter les yeux sans trop d'orgueil et sans trop d'envie.

» Mais il y a dans ce discours une autre idée toute pratique, et qui mérite qu'on la mette en vue et en saillie ; c'est ce que j'appellerai l'idée de centralisation historique provinciale : réunir dans un seul et même local tout ce qui se rapporte à l'histoire de la province sous forme graphique, c'est-à-dire tout ce qui est écrit ou tout ce qui peut se dessiner ; et pour être plus précis, j'emprunterai les termes de M. de Persigny lui-même : « fonder une sorte de cabinet historiographique où soient réunies toutes les sources d'informations ; par exemple, une bibliothèque de tous les livres ou manuscrits qui peuvent concerner le pays ; une seconde bibliothèque de tous les ouvrages faits par des compatriotes ; un recueil des sceaux et médailles de la province, ou fac-simile de ces objets ; une collection de cartes géographiques et topographiques du pays, de plans, dessins, vues, portraits des grands hommes ; des albums photographiques pour la reproduction des monuments archéologiques ; un cabinet de titres, chartes, actes authentiques, originaux ou copiés, et surtout un catalogue suffisamment détaillé de tous les documents qui peuvent intéresser la province, dans les collections publiques ou particulières, dans les archives, bibliothèques, musées et cabinets de Paris, des départements et de l'étranger. »

» Voilà l'idée dans son originalité, et elle peut trouver son application ailleurs. Je sais bien que quelque chose d'analogue ou d'approchant doit exister déjà grâce aux différentes Académies de province, aux Sociétés d'émulation, etc. ; mais il n'y a rien de complet en ce genre ; la dispersion, la dissémination est toujours ce qui nuit aux études provinciales. Le ministre de l'instruction publique a, par une fondation heureuse, réuni depuis quelques années, les travaux des diverses Sociétés provinciales et les a fait en quelque sorte comparaître à son ministère pour être, après examen en commission et rapport analysés ou mentionnés dans la *Revue des Sociétés savantes* : une solennité annuelle rassemble à Paris sous sa présidence et met en contact, dans une sorte de congrès, les membres de ces Sociétés qui correspondent utilement avec son ministère. Mais ici le point de vue est autre ; c'est en province même et sur les lieux qu'on a voulu fonder un centre approprié d'études et de recherches pour l'histoire locale. M. de Persigny, qui, il y a neuf ans, présentait à la signature de l'Empereur un plan d'*inventaire* sommaire de toutes les Archives de l'Empire et organisait ce travail qui n'a cessé depuis de se poursuivre et qui vient de produire ses premiers résultats imprimés, a compris où est le point de la difficulté et suggéré un moyen qui peut être d'un utile exemple. La *Diana*, organisée comme elle va l'être, et d'après le plan indiqué, méritera de devenir une Société modèle. Tout ce qu'on pourra réunir de livres, de manuscrits, on le réunira, et pour ces derniers, à défaut des originaux qui appartiennent le plus souvent à des dépôts publics, ou de copies longues à faire et inutiles, on aura du moins les indications précises, immédiates. Il ne s'agit pas de faire double emploi avec la Bibliothèque de la ville et avec les archives départementales, mais de *faire lien*.

» Un des obstacles, il est bon de le savoir, que rencontrent quelquefois les jeunes gens studieux de la province, lorsqu'ils désirent prendre connaissance des richesses enfouies que contiennent, je ne dis pas les Archives (les voilà à jour), mais les Bibliothèques locales, c'est, le croirait-on? la jalousie du bibliothécaire. Ce que je vais dire n'est pas un conte : je sais telle grande ville de province, siége de Facultés, dont la Bibliothèque possède un manuscrit d'Alfieri; un jeune homme demande à le consulter : le bibliothécaire, gardien du trésor, s'effraie à cette seule demande : « Je puis bien vous le montrer, répond-il ; prenez le chiffre du format, le nombre de pages, si vous le voulez; parcourez-le même, mais je ne puis vous en laisser copier une ligne. » Et pendant tout le temps que le manuscrit était en main, le malheureux homme en peine était là tournant, rôdant autour du pauvre curieux qui se sentait lui-même sur les épines de se voir ainsi épié. Evidemment l'avare avait peur qu'on ne le volât en retenant par cœur quelque chose. De tels bibliothécaires heureusement sont assez rares en province ; combien j'en connais, en revanche, d'obligeants, d'hospitaliers, de communicatifs ! Mais quelques-uns, cela est trop vrai pourtant, se sont accoutumés à croire que ce dont ils ont la garde est à eux; ils se proposent toujours d'en faire pour leur propre compte une publication qui ne vient jamais; vrais eunuques du sérail,

Ne faisant rien, nuisant à qui veut faire.

Il importe de tirer de leurs griffes ce qu'ils retiennent comme secrets d'Etat. Ce qu'un individu a peine à faire, une société composée des notables du pays le fera aisément. Toutes les clefs tourneront d'elles-mêmes, toutes les portes s'ouvriront.

» Une idée utile et toute pratique, une chaleureuse et patriotique étincelle, c'est ce que nous nous sommes plu à relever dans un discours, spirituel assurément, mais qui n'aurait pas été remarqué à ce degré s'il n'avait été l'expression de convictions senties, et s'il n'était venu à la suite et en compagnie d'actions nées du cœur. »

La *Patrie* s'est placée à un autre point de vue. Voici l'article qu'a inspiré à M. Cucheval Clarigny le discours prononcé par M. de Persigny, à Montbrison, pour l'inauguration de la *Diana* :

« Au mois d'août 1848, un homme de loi se présenta à l'hôpital militaire de Woolwich, asile des invalides de l'armée anglaise, pour s'enquérir d'un vieux soldat en retraite, nommé James Gordon. On le lui amena. C'était le frère cadet d'un brave soldat, John Gordon, qui s'était engagé au commencement de ce siècle dans les dragons, qui avait fait toutes les campagnes de l'armée anglaise, et qui était mort dans l'Inde en 1820, après avoir atteint le grade de sergent-major, le plus élevé auquel puisse parvenir dans l'armée anglaise un soldat qui n'est pas assez riche pour acheter une épaulette. Son frère cadet avait été moins heureux encore, : il s'était engagé en 1812 dans un régiment du génie ; l'explosion d'une mine lui avait fait perdre un œil, et il avait été réformé avec une solde de retraite de dix-huit sous par jour. C'était là depuis vingt-huit ans ses seuls moyens d'existence, encore les partageait-il avec la veuve et les enfants de son fils, mort chauffeur à bord d'un bâtiment à vapeur espagnol, lorsque l'homme de loi lui apprit qu'il était le dernier représentant et le légitime héritier des comtes de Kenmure, seigneur de Lochinvar.

» Dans un pays où tous les efforts de la législation tendent à assurer la perpétuité des fortunes et à mettre certaines familles à l'abri des caprices de la destinée, voilà donc où était descendue cette antique race des Gordon, fondée par un des compagnons de Guillaume-le-Conquérant, et qui avait compté pendant des siècles, parmi les plus puissantes de l'Ecosse.

» C'est là le plus récent exemple de ce qu'on a coutume d'appeler les bizarreries de la fortune, quand on y devrait voir la vérification d'une loi sociale. Le grand généalogiste anglais Burke a fait un gros ouvrage qu'il a intitulé le *Roman de la Pairie*, avec les vicissitudes des familles titrées de l'Angleterre. On y voit comment deux des titres les plus élevés de l'aristocratie britannique retrouvèrent leur possesseur légitime, l'un dans un ouvrier mineur, l'autre dans un garde-barrière

» En regard des familles titrées descendues aux derniers échelons de la société, il serait aisé de mettre les familles plébéiennes arrivées de l'indigence aux plus grands honneurs. On en trouverait vingt exemples sans sortir de la Chambre des lords actuelle. En présentant à cette Chambre le bill qui abolissait le timbre sur les journaux, lord Campbell, mort l'année dernière chancelier d'Angleterre, rappelait à ses collègues qu'il avait débuté dans la vie comme sténographe du *Morning-Chronicle*. Il ajoutait que chacune des mesures qu'il avait présentées dans sa carrière politique pour affranchir la presse de quelque entrave, avait été, de sa part, l'acquittement d'une dette envers la profession d'écrivain.

» Dira-t-on que le génie et le mérite persévérant savent renverser toutes les barrières, et que la constitution féodale de l'aristocratie anglaise ne la pouvait préserver de toute irruption ? Est-on bien sûr qu'une descendance plébéienne ne s'est pas assise sur le trône, sans qu'aucun mérite ait justifié cette élévation, sans qu'aucun événement extraordinaire la puisse expliquer ? Le roi Louis XIII n'avait jamais appris qu'une chose, la généalogie. Quand il était en belle humeur, et qu'il avait humilié quelqu'un de ses courtisans en établissant l'origine roturière de sa famille, il consolait sa victime en disant qu'après tout lui-même avait pour trisaïeul un greffier, et pour quadrisaïeul un garçon boucher. Le fait était vrai, et, pour en administrer la preuve, Louis XIII n'avait pas besoin de remonter au-delà d'un siècle et demi.

» Ce ne sont donc pas de simples vérités morales que M. de Persigny a exposées dans le discours élevé et plein d'aperçus nouveaux qu'il a prononcé, l'autre jour, à Montbrison : ce sont des vérités historiques, et susceptibles d'une démonstration rigoureuse. C'est l'enseignement irréfutable de l'histoire que l'éminent orateur a résumé en quelques mots pour en faire sortir d'éloquentes leçons.

» La première est que le respect du passé n'est pas seulement un sentiment pieux, qu'il est encore un culte légitime et souvent une étude féconde. De piquants exemples, empruntés par l'orateur à l'histoire locale et à des faits physiques connus de tout son auditoire, en sont la plus ingénieuse et la plus convaincante démonstration. Que de vérités nous croyons avoir découvertes, et que nous avons seulement retrouvées! Que d'inventions, que de procédés soi-disant nouveaux nous ressuscitons, sans le savoir, d'un passé que nous n'avons pas su interroger !

» L'antiquité se plaisait à représenter la Fortune assise sur une roue; elle traduisait ainsi, par une allégorie véridique, cette loi qui fait parcourir aux enfants des hommes tous les degrés de la prospérité et du malheur, qui fait descendre un à un aux races les plus favorisées tous les échelons de la vie, que d'autres gravissent pour les redescendre à leur tour. Le spectacle bien compris de ces vicissitudes humaines ne peut que fortifier en nous le sentiment et la pratique de l'égalité, non de cette égalité envieuse et jalouse, fléau trop fréquent des démocraties, qui s'attache à faire passer un niveau destructeur sur toutes les supériorités, mais de cette égalité vivifiante qui naît d'une légitime confiance dans la puissance du travail et dans l'équité divine, et qui nous crie de grandir nous-même au lieu d'abaisser autrui. C'est l'instinct de cette vérité qui faisait dire à un grand homme de guerre, avec une juste fierté : « Et moi aussi, je suis un ancêtre. »

» N'y devons-nous pas voir, en même temps, la réfutation la plus écrasante de ces publications malsaines où l'on falsifie l'histoire sous prétexte d'en combler les lacunes; où l'on partage arbitrairement la nation en deux classes, toujours les mêmes et perpétuellement distinctes, dont l'une n'aurait été, pendant tout le cours des siècles, que la victime de l'autre? Que signifient ces prétendues annales du peuple, écrites par l'esprit de parti pour entretenir et aviver les haines politiques? Si nous connaissions bien tous notre vraie généalogie, savons-nous combien nous y trouverions de vilains et combien de seigneurs ? N'est-il pas probable que nous y trouverions tous des greffiers et des bouchers, comme Louis XIII, et qui sait si nous n'y trouverions pas des rois ? La vérité que M. de Persigny tire si éloquemment de l'histoire ne diffère pas de celle que le prédicateur tire de l'Evangile : c'est que personne n'a le droit de s'enorgueillir ; c'est que nous devons nous respecter les uns les autres, et nous traiter réciproquement comme des parents inconnus, dont l'affinité peut éclater tout-à-coup ; que nous ne devons nous juger que par nos œuvres, et que les haines de classes ont fait leur temps comme les inégalités sociales.

» Tirons-en encore, avec l'orateur, une autre conséquence. Si l'ensemble de la nation demeure sensiblement le même, à raison précisément des vicissitudes des familles ; si tous, nous avons la certitude d'avoir concouru par quelqu'un des nôtres au rôle que notre patrie a joué dans le monde, il s'ensuit que nous ne pouvons rien répudier du passé sans rejeter une portion de notre héritage. Pourquoi distinguer dans les souvenirs glorieux des temps écoulés ? ils nous appartiennent à tous au même titre ; ils sont notre commun patrimoine. Ne craignons pas d'honorer les preux qui ont porté au-delà des mers la crainte du nom français, et les grands juristes qui ont fondé nos institutions, et les politiques éminents qui ont jeté les bases de notre grandeur, aussi bien que les écrivains et les artistes à qui la France a dû sa prééminence intellectuelle. Capitaines ou soldats, nobles ou plébéiens, ils ont tous contribué à faire la France ce qu'elle est ; et l'hommage que nous leur rendons n'est qu'une des formes du patriotisme. Etendons à toute la France ce que M. de Persigny disait, avant-hier, à ses compatriotes du Forez, et répétons avec lui :

« Notre passé, c'est notre histoire, c'est notre
» gloire ; et nous faisons acte de bons citoyens en
» relevant et honorant les reliques de nos pères. »

Le *Journal des Débats*, comme tous les journaux, a dit des choses fort justes sur le remarquable discours de M. de Persigny. Voici les appréciations de M. Weiss :

« Nous ne serions pas des gens de goût, et nous manquerions à nos habitudes de haute impartialité si, même parmi les graves préoccupations de la politique, nous laissions passer inaperçu le discours que M. de Persigny a prononcé à Montbrison.

» On sait que M. de Persigny est président du Conseil général du département de la Loire, ancien Forez. Il se conduit, autant que le permettent nos mœurs et nos lois, avec le Forez, « sa province, » que le département de la Loire ne lui fait point oublier, à la manière anglaise, qui est la bonne. Volontiers il y fonde, patronne et encourage des établissements utiles. Il a tenu, cette année, à inaugurer les travaux de la Société savante de la *Diana*, qui s'est proposé pour œuvre principale l'étude approfondie de l'histoire et de la topographie du Forez.

» Le souvenir des temps féodaux, l'image de l'ancienne France était partout dans cette salle des Etats du Forez, tapissée d'écussons, d'armoiries, d'orgueilleuses devises, où M. de Persigny a pris la parole. Il ne dépendait que de lui de prononcer à ce propos une harangue hardiment triviale. Nous connaissons des gens, même ministres, qui n'y eussent pas manqué ! Quel beau thème, en effet, pour parler à tort et à travers de l'immortelle Révolution, de la féodalité hideuse, de cette époque ténébreuse et barbare de l'ancien régime où nous n'avions pas d'autres poètes que Racine ni d'autres généraux que Condé et Vauban ! Quelle occasion unique de compter avec satisfaction le nombre d'instituteurs primaires que ne possédait pas le Forez en l'an 1200 !

» Au lieu de cela, M. de Persigny s'est inspiré d'une grande et patriotique idée, qui est redevenue, nous le disons avec tristesse, presque neuve, bien qu'elle n'eût dû jamais sortir de l'esprit et du cœur d'un Français : c'est celle de la perpétuité de la France. Il a parlé à ce sujet avec une abondance sans prolixité, avec une distinction soutenue et vraie, avec une originalité qu'il a su retenir sur la limite où l'originalité devient paradoxe.

» Oui, il y a une âme de la France qui n'a pas attendu jusqu'à l'année 1800 pour se sentir elle-même et se faire sentir au monde, et cette âme indivisible, elle bat en chacun de nous, petits et grands, la même chez tous, elle coule en nos veines avec le sang que nous ont transmis trente générations de Français. M. de Persigny a trouvé moyen de parler contre l'esprit de caste, non pas en déclamateur vulgaire, mais en patriote qui sait le prix de ce beau nom de Français, quelle que soit la condition de celui qui le porte, et en fin observateur de nos mœurs, qui sait qu'être « honnête homme », selon le sens spécial du mot dans notre langue, a presque toujours tenu lieu chez nous, dans la société polie, d'être « gentilhomme. »

» On a beaucoup remarqué, peut-être pour plus d'un motif, le passage où M. de Persigny s'est attaché à démontrer mathématiquement que, par nos aïeux et nos descendants, nous sommes tous également nobles, tous également exposés à redevenir peuple. Celui que Saint-Simon affecte d'appeler « le roi des gentilshommes, » Louis XIII, tout bon gentilhomme qu'il fût, s'en doutait déjà très fort, lui qui aimait à effaroucher ses courtisans en répétant de temps à autre : « Mon grand-père le greffier et mon aïeul le bou-
» cher de Paris. »

» M. de Persigny a très habilement et très ingénieusement érigé en théorie la boutade malicieuse de Louis XIII. Nous ne voulons pas rechercher dans quelle situation respective cette théorie, acceptée au pied de la lettre, placerait l'ancienne noblesse et la nouvelle. Elle repose, en tout cas, sur un sentiment élevé et juste de la solidarité nationale. Elle resserre en la proclamant la solidarité provinciale elle-même. Ce n'est pas nous qui nous en plaignons.

» Les départements sont des êtres de convention qui n'ont pas réussi à détruire tout à fait ces êtres réels qui s'appelaient l'Aunis, la Bretagne, la Provence, le Poitou. M. de Persigny a le patriotisme du Forez avec celui de la France ; il a le courage de s'en faire honneur, lui ministre, lui le représentant le plus haut placé de la centralisation administrative. Quel Français, soucieux de conserver intactes toutes les gloires de son pays, ne l'en féliciterait ? Quel est celui d'entre nous qui n'a quelque part son Forez, dont il ne verrait pas sans regret périr les vieilles mœurs ? Qui n'aime à se sentir ou à se figurer membre, selon l'heureuse et pittoresque expression de M. de Persigny, de quelque clan des Campbell et des Macdonald, uni de cœur et d'esprit à la France nouvelle comme à l'ancienne, vivant en elle, pour elle et par elle, mais ne voulant pas s'y anéantir ? »

L'*Esprit public* a reproduit aussi *in extenso* et apprécié le discours de M. de Persigny. Après avoir déclaré que les paroles du Ministre ne sauraient avoir trop de retentissement, il trouve que les idées qu'elles expriment, les théories qu'elles développent, sont justes et historiquement vraies. « Elles dépeignent fidèlement l'état de la société, les hauts et les bas des diverses castes, les origines et les transformations de la noblesse. »

M. Léonce Dupont poursuit ainsi :

« Dans les aperçus généraux que lui suggérait le point de vue où il s'était élevé et le milieu même où il se trouvait placé dans cette salle armoriée, couverte d'inscriptions héraldiques, pleine de gothiques souvenirs, M. de Persigny a relié fort habilement la chaîne des temps ; il a su écarter les vaines apparences et les oripeaux qui recouvrent les vieilles institutions pour nous montrer le fond des choses, et constater, entre le passé et le présent, dans l'ordre administratif aussi bien que dans les bases essentielles de l'ordre social, des ressemblances et des identités vraiment remarquables. Il a défini la noblesse comme il convenait au ministre d'un empire dé-

mocratique qui s'honore de son origine populaire :
« Loin que la noblesse ancienne ait été, d'un sang
» différent du peuple, une race à part, la vérité
» est que, de même qu'il n'y avait pas de noble
» famille qui ne sortît du peuple, il n'y en avait
» pas non plus qui, au moins, pour quelques-
» unes de ces branches, ne finît tôt ou tard par
» y rentrer. » Ce sont là les saines doctrines
sociales, celles que l'empire a acceptées le jour
où il a recueilli l'héritage de la révolution de
1789 ; et c'est la première fois que nous entendons
formuler avec cette netteté la vraie théorie de la
noblesse, et dévoiler, de ce ton à la fois respectueux et libre, le secret des généalogies. »

L'*Opinion nationale* a reproduit également le discours de M. de Persigny. Dans les quelques lignes
qui précèdent cette reproduction, M. E. Pauchet
fait remarquer que M. de Persigny, « après avoir
fait preuve des connaissances les plus étendues
sur le sujet spécial que la société la *Diana* se propose d'étudier, s'est élevé, à propos de la noblesse, de son origine, de ses transformations, à
des considérations historiques et philosophiques
qu'on ne saurait trop louer dans la bouche d'un
ministre, surtout lorsque ce ministre porte lui-
même le titre de comte.

» Loin que la noblesse ancienne ait été d'un
» sang différent du peuple, a dit M. de Persigny,
» une race à part, la vérité est que, de même
» qu'il n'y avait pas de famille notable qui ne
» sortît du peuple, il n'y en avait pas non plus
» qui, au moins par quelques-unes de ces bran-
» ches, ne finît tôt ou tard par y rentrer. »

» Un tel langage, bien qu'il se borne à constater un fait, montre au moins que M. le ministre connaît et comprend les sentiments et les tendances démocratiques de notre époque, et ce n'est pas encore un mérite si répandu qu'on ne lui doive de sincères félicitations dès qu'on a le rare bonheur de le rencontrer. »

Le *Temps*, le *Siècle*, etc., ont aussi ouvert leurs colonnes au discours de M. de Persigny, en y joignant des éloges dont ils ne sont généralement pas prodigues.

Cette unanimité d'appréciations flatteuses dans les colonnes des organes indépendants de la presse attestent, mieux que nous ne pourrions le faire, la haute portée de ce beau travail, où tous nos confrères trouvent, comme nous, que l'érudition le dispute à l'éloquence du style et à la clarté de l'exposition. Nous sommes heureux de montrer qu'à propos de ce discours, les *Débats* et le *Temps*, l'*Opinion nationale* et le *Siècle*, aussi bien que la *Patrie* et le *Constitutionnel*, ont rendu justice à un ministre de l'Empereur, et l'ont fait avec autant de bon sens que de bon goût.

XIII

Revenons à l'assemblée de la *Diana*.

Au milieu de l'émotion produite par le discours de M. de Persigny, M. Bravard, président du tribunal de Montbrison, a prié Son Excellence, au nom de la Société, de vouloir bien ordonner l'impression du discours et sa distribution à chacun des membres de la *Diana*. M. le président a gracieusement acquiescé à cette demande flatteuse, et il a ensuite donné la parole à M. Majoux, maire de Montbrison et secrétaire de la Société, qui a fait, dans les termes suivants, un rapide historique de la salle de la *Diana* :

« Messieurs,

»Il me paraît indispensable de vous rappeler en peu de mots qu'elle est l'importance de la *Diana* aux points de vue héraldique et historique.

»De tous les monuments de ce genre qui existent en France, la *Diana* est, sans contredit, le plus ancien, et l'on peut ajouter, avec certitude, celui qui renferme le grand nombre d'anciens blasons. « On ne connaît qu'un petit nombre » d'armoiries plus anciennes sur des vitraux,

» des tombes ou des émaux, mais on n'en saurait
» citer d'une date aussi reculée réunis en plus
» grande quantité. »

»La longueur de la salle est de 19 mètres 30 centimètres, sa largeur et sa hauteur de 8 mètres 30 centimètres. A l'intérieur s'élève une voûte ogivale en bois, divisée en 48 bandes, dont chacune comprend 36 écussons. Les principales de ces armes sont celles de France, de Forez, de Beaujeu, de Viennois, de Savoie, de Navarre, de Bourgogne-Ancien, de Champagne, de Damas, d'Urfé, de Saint-Priest, de la Tour-d'Auvergne, de Rochebaron, de Feugerolles, etc. etc.

»Au bas de ces divers écussons règne une bordure composée elle-même de cent trente blasons qui ont pour support des animaux fantastiques. « Ces figures, dit un savant archéologue, ne sont
» pas ce qu'il y a de moins curieux à la *Diana*, ce
» sont des monstres de toutes natures, des dra-
» gons ailés, des sirènes encapuchonnées, des
» animaux à deux corps et à une seule tête, d'au-
» tres à un seul corps, mais ayant une triple face
» composée d'une tête humaine, d'un museau
» de chien et d'un bec d'oie. Il n'est pas hors de
» remarque qu'elles ont toutes quelque chose du
» poisson ; évidemment par allusion au dauphin
» des armes du Forez. Ce qui n'empêche pas qu'il
» n'y ait une variété infinie dans toutes ces me-
» sures et dans leurs expressions où se manifes-
» tent la gaieté, la colère, la rage, la terreur et
» mille autres sentiments. »

»La *Diana* a donné lieu à plusieurs publications intéressantes, auxquelles Loys Papon et notre vieil historien La Mure ont servi de point de départ. Toutefois, le dernier mot n'a pas encore été dit sur ce monument, et un grand nombre de ses écussons, notamment ceux de sa mystérieuse bordure, restent encore à l'état d'énigme. Une critique plus rigoureuse, basée sur de nouvelles recherches, ne tardera pas, nous avions lieu de l'espérer, à lever tous les voiles, et à nous faire connaître, par l'explication du système qui a réuni ces divers blasons, quelle fut la véritable pensée du fondateur de la *Diana*.

»L'opinion jusqu'à présent la plus probable est que cette salle fut bâtie par le comte Jean 1er à la fin du XIIIe siècle. Depuis cette époque, elle servit tour à tour de lieu de réunion à la noblesse forézienne, aux Etats provinciaux, et, depuis le commencement du XVIIe siècle, aux chanoines du chapitre de Notre-Dame de Montbrison. J'ajouterai qu'au XVIe siècle, elle avait servi de théâtre pour la représentation d'une pastorale composée par Loys Papon, en 1581, pour célébrer les victoires de Vimory et d'Auneau remportées sur les reitres allemands par Henry de Guise.

»Sous la Constituante, elle fut vendue comme bien national et adjugée pour 2,875 livres à un aubergiste de la ville. Depuis cette époque, livrée au vandalisme de l'industrie privée, cette belle salle héraldique fut coupée en deux par un plancher et elle fut condamnée à servir de grenier à foin et de dépôt à plâtre.

»Plusieurs fois, depuis quinze ans, quelques érudits élevèrent la voix pour que la *Diana* fût sauvée de cet humiliant abaissement. En 1857, l'auteur de la *notice* qui précède les œuvres poétiques de Loys Papon, s'exprimait en ces termes : (p. 36) « Si une pensée intelligente et patriotique ne vient la relever de ce triste abandon, il ne restera bientôt plus le moindre vestige de ce curieux monument historique. Puisse notre voix (qui s'élève peut-être, hélas ! la dernière) donner le signal de la résurrection. »

»En 1860, l'un des plus érudits commentateurs de La Mure (1), s'associant pleinement, sur ce point, au désir exprimé déjà par l'éditeur de notre vieil historiographe, écrivait les lignes suivantes : « Nous renouvellerons le vœu si souvent et si »inutilement exprimé depuis quinze ans, que la »municipalité de Montbrison assure enfin la con- »servation de ce monument, dont la perte serait »irréparable, et qui, devenu un grenier à foin, se »détériore de jour en jour, et se trouve menacé »d'une destruction prochaine. »

»Tous ces vœux, exprimés avec tant de force et d'unanimité par les érudits qui ont fixé leur attention sur la *Diana*, restèrent stériles jusqu'au 8 avril 1862 où il me fut donné enfin, grâce à l'assentiment que je trouvai au sein du conseil municipal de notre ville, et grâce surtout à une haute influence, de pouvoir les réaliser. Vous avez tous, Messieurs, nommé M. le comte de Persigny, dont la bienveillante et patriotique intervention devait nous permettre d'espérer au-delà même de nos premières espérances, qui avait déjà eu la pensée d'acquérir la *Diana* pour en faire don à la ville de Montbrison. Notre illustre compatriote n'a pas seulement voulu, en effet, que ce remarquable monument du XIV⁰ siècle fût rendu à son ancienne splendeur,

---

(1) *Histoire des Ducs de Bourbon et des Comtes de Forez*, par J.-M. de La Mure, v. premier, p. 374.

il a conçu le premier l'ingénieuse pensée de le destiner aux réunions des membres d'une société historique et archéologique du Forez. Noble et généreuse pensée qui nous prouve, une fois de plus, qu'au milieu même du tourbillon des affaires, M. le comte de Persigny ne se montre jamais oublieux des intérêts et de l'histoire de sa province. »

La *Diana* était-elle un monument distinct, isolé, particulier, ayant une affectation spéciale? C'est là, avons-nous compris, l'idée de M. le maire de Montbrison, c'est aussi l'avis à peu près unanime; ce n'est pas tout à fait le nôtre et nous allons dire en toute sincérité, que la *Diana*, dont l'étymologie n'est pas encore fixée, nous paraît n'avoir été, en principe, que l'abside de l'église qui la précède immédiatement et dont le chevet fait face au mur qui lui sert de façade.

La *Diana* pouvait très-bien être une de ces salles qui continuaient les absides de transeps, ou *Deambulatoria* qu'on retrouve dans bon nombre d'églises de l'époque attribuée à l'ancienne salle des Etats du Forez. L'âge de l'église ne gênerait en rien notre hypothèse, car on y retrouve à la fois des restes romans, gothiques et gothiques fleuris ou renaissance. Ce serait donc à la première période architecturale de l'église que se rapporterait la salle de la *Diana*, et ce qui nous confirme dans notre supposition, c'est que la *Diana* et l'église sont à peu près sur le même axe, et qu'entre le chevet du temple et l'entrée de la salle, il ne paraît pas y avoir assez d'espace pour une façade comme celle qui aurait dû décorer un monument *isolé* de l'importance historique de celui qui nous occupe. Il est bien entendu que nos allégations n'ont d'autre prétention que celle de répondre à l'appel de M. de Persigny, invitant tous les hommes d'études à participer aux discussions qui peuvent éclairer un point quelconque de l'histoire du Forez.

Voici d'autres renseignements communiqués à un journal local, par M. de Barthelemy, auditeur au Conseil d'Etat, sur la *Diana* :

« La salle de la *Diana* est, en effet, un monument curieux, original et qui méritait d'attirer l'attention.
» On ne possède pas de document établissant d'une façon positive l'époque de la construction de cette salle, dépendant de l'église collégiale de Montbrison et dont le nom semble la corruption du mot *decania* : doyenné. L'étude des écussons qui y sont peints peut cependant fournir, quant à la date, quelques notions à peu près certaines.
» La salle est ainsi décrite sommairement par Papon à propos d'une pastourelle qui y fut représentée.

« Elle fust représentée en la ville de Montbri-
» son, capitale du Forez, le dimanche, vingt-
» septième jour du mois de février 1588, en une
» salle du cloistre de l'église collégiale. La salle
» estant de 25 pieds de longueur, 20 de largeur
» et 34 de hauteur, voûtée à lambris, peints à
» parquets des armoieries des plus nobles et an-
» ciennes du pays. »
» La grande cheminée, actuellement détruite,

portait cinq écussons : Forez, armes de la province. A droite : Bourbon et Forez, de France, semé de lys sans nombre, blason royal, antérieurement à Charles VI. A gauche : de Forez, Dauphiné et Bourbon, rappelant évidemment encore Guignes VIII de Viennois, comte du Forez et sa femme Jeanne de Bourbon ; et de Bourbon et Bourbon-Vendôme pour Jacques de Bourbon, frère de Jeanne, tige des comtes de la Marche et de Vendôme. Or, ces écussons nous fournissent ces dates : Jeanne de Bourbon fut comtesse du Forez depuis 1318, année de son mariage, jusqu'à la cession du comté en 1382 à Anne de Clermont ; Jeanne de Bourbon, femme du roi Charles V, de 1329 à 1377 ; Guignes VIII, comte du Forez de 1333 à 1360 ; Jacques, comte de la Marche (1360).

» Il est donc permis de croire que cette salle fut décorée par les soins de Jeanne de Bourbon, veuve de Guignes VIII, qui posséda effectivement le Forez depuis 1373, époque de la mort de son second fils. Dans tous les cas, elle ne peut pas remonter au delà de la première moitié du XIV° siècle, contrairement à l'opinion de presque tous ceux qui s'en sont occupés avant ces derniers temps, et lui donnaient la date approximative de 1300.

» La salle est voûtée en ogive, et cette voûte se compose de longs ais de bois sur laquelle sont peints les écussons en quarante-huit bandes verticales ; sur chacune est peint un écusson répété trente-six fois sur chaque bande. Au bas court un cordon orné de peintures d'animaux fantastiques.

» Voici les noms des familles dont j'ai déchiffré autrefois les écussons :

»France, Forez, Beaujeu, Navarre, Foudras, Savoie, Jointville, Saint-Priest, Chauvigny, Urphé, Lavieu, Coutançon, Rochebaron, Lévis, Changy, Auvergne, Feugerolles, Barges, Chalançon, Montfort, Bourgogne, Champagne, Châlon, Beauffremont, Dauphiné, Valentinois, Polignac, Essertines, Changy (Cador), Vernoilles, Ventadour, Chevrières, Cousans-Damas, Chauvigny-Barges, Savoie ancien, Castille, Aragon.

»Tel est le monument, peut-être unique en son genre dans notre pays, et qu'on ne peut comparer qu'à nos salles des croisades, à Versailles. Il appartenait à S. Exc. M. le comte de Persigny, qui sait si bien apprécier tout ce qui intéresse l'histoire de la vieille France et aime si passionnément ce qui se rattache à sa province, d'assurer la conservation de la salle de la *Diana*. »

Après la lecture de la Notice de M. Majoux, M. le président l'a invité à donner connaissance des Statuts de la *Diana*, dont voici le texte :

Article Premier.

La Société historique et archéologique de la *Diana* du Forez est établie pour la recherche des antiquités, la conservation des objets d'art et surtout pour la réunion de tous les documents historiographiques qui peuvent intéresser l'histoire de cette province.

Art. 2.

Le siége de la Société est fixé à Montbrison, et les réunions auront lieu dans la salle de la *Diana*.

Art. 3.

La Société se compose d'un nombre indéterminé de membres résidant dans le département de la Loire ou l'ayant habité, et de correspondants choisis dans les autres pays.

Art. 4.

La Société a une caisse, des archives et un cabinet historiographique. Le nom des donateurs est inscrit sur les objets offerts par eux, et il en sera fait mention sur un catalogue spécial.

Art. 5.

La Société a un conseil exécutif composé d'un Président, d'un Vice-Président, d'un Secrétaire faisant fonctions de conservateur, d'un Trésorier et de sept membres, dont trois pris dans l'arrondissement de Roanne et deux dans chacun des arrondissements de Saint-Étienne et de Montbrison.

Le Secrétaire ainsi que le Trésorier devront résider à Montbrison.

Art. 6.

Les membres du Conseil exécutif sont élus pour trois ans ; ils sont nommés à la majorité absolue des membres présents.

Art. 7.

Le Conseil exécutif gère les affaires de la Société et rend compte tous les ans, en assemblée générale, de ses opérations. En l'absence du Président, les décisions du Conseil exécutif lui sont soumises pour recevoir son approbation.

Art. 8.

Les membres du Conseil exécutif pourront

réunir dans leur arrondissement respectif les membres de la Société qui désireront leur offrir leur concours, dans le but de répartir entre eux les missions à remplir, tant pour la recherche des divers documents à réunir que pour l'étude et la surveillance des monuments archéologiques de leur arrondissement.

Art. 9.

Tous les membres titulaires votent sur la nomination du bureau et sur tout ce qui est soumis à la délibération de la Société.

Art. 10.

Le Secrétaire est chargé de la rédaction des procès-verbaux des séances ; il les signe avec le Président. Il dresse annuellement le tableau analytique des travaux de la Société, et surveille l'impression des rapports qui seront publiés par elle. Il est chargé en outre de la correspondance avec les membres de la Société et les corps savants de la France et de l'étranger. Il a la garde du matériel et des archives.

Art. 11.

Le Secrétaire tiendra un catalogue par ordre de date des objets offerts ou communiqués à la Société ou achetés par elle.

Art. 12.

La salle de la *Diana* où seront placés le cabinet historiographique, les archives et la bibliothèque, sera confiée à la garde du Secrétaire, sous les ordres et la surveillance du Président. L'entrée en sera libre pour tous les membres, mais aucun objet ne pourra être déplacé que sur la demande d'un membre, pour un temps déterminé et avec l'autorisation du Secrétaire qui se fera donner un reçu des objets communiqués. Ces reçus seront consignés sur un registre spécial visé tous les trois mois par le Vice-Président ou le Secrétaire.

Art. 13.

Le Trésorier touche les fonds de la Société qu'il est chargé de faire rentrer. Il solde les dépenses arrêtées par la Société, sur le visa du Président contre-signé par le Secrétaire. Il fait connaître à la Société l'état de la caisse et il rend tous les ans ses comptes appuyés de pièces justificatives.

Art. 14.

Les fonds de la Société se composent : 1° d'une somme de cent francs une fois versée à l'entrée de chaque membre ; 2° d'une somme de trente francs que chaque membre payera comme cotisation annuelle entre les mains du Trésorier.

Art. 15.

Pour être reçu membre de la Société, il faudra être présenté par un des membres et agréé par deux membres du bureau.

Art. 16.

Indépendamment de la réunion générale qui aura lieu chaque année à l'époque fixée par le bureau, il pourra être ordonné par le Président ou le Vice-Président d'autres réunions.

Les lettres de convocation en mentionneront,

dans ce cas, l'objet. Il sera délivré à chaque réunion, à tout membre présent, un jeton de la valeur nominale de quatre francs, portant d'un côté les armes du Forez et de l'autre ces mots : *la Diana, Société historique et archéologique du Forez.* Tout membre signera le procès-verbal de présence en recevant son jeton.

ART. 17.

Ne pourront assister aux séances que les membres de la Société et les personnes qui auront obtenu l'autorisation du Président.

ART. 18.

Aucune modification ne pourra être faite au règlement que sur une demande prise en considération dans une séance et adoptée par une majorité égale à la moitié plus un des membres présents.

Pour que toute délibération soit valable, il faudra au moins vingt membres présents.

Montbrison, le 1er avril 1862.

Le Président : COMTE DE PERSIGNY.

Le secrétaire : MAJOUX.

Cette lecture terminée, M. Majoux, a fait l'appel nominal des sociétaires de la *Diana*, déjà au nombre de deux cents. Tous ceux qui étaient présents ont reçu une carte pour le banquet. Une légère discussion s'est alors engagée au sujet des Statuts. Un sociétaire, M. de Quirielle, a demandé : 1° qu'on portât à douze le nombre des membres du Conseil exécutif, composé : d'un président, d'un vice-président, d'un secrétaire faisant fonctions de conservateur, d'un trésorier et de sept membres dont deux pris dans chaque arrondissement ; 2° de laisser au Conseil exécutif le choix du secrétaire et du trésorier. M. Sencier a dit quelques mots pour combattre ces deux propositions, mais après de judicieuses observations de M. de Persigny, on a décidé que, sans rien changer à la première organisation, on porterait à sept les membres du Conseil en dehors du bureau. Les statuts, ainsi modifiés, ont été adoptés par main levée et le bureau du Conseil exécutif provisoire a été confirmé. Il se compose de :

Président : M. le comte de Persigny, ministre de l'intérieur ;

Vice-Président : M. le comte de Charpin-Feugerolles, député, membre du Conseil général de la Loire ;

Secrétaire : M. Majoux, maire de la ville de Montbrison ;

Trésorier : M. de Lanoerie, receveur municipal de la ville de Montbrison.

On a procédé ensuite à l'élection des membres du Conseil exécutif pour chaque arrondissement.

Ont été nommés sans opposition : pour Montbrison, MM. Dassier et Du Chevalard ; pour Roanne, MM. le vicomte Vougy, de Chastelus et de Sugny ; pour Saint-Etienne, MM. Testenoire-Lafayette et Buhet.

Les élections faites, M. de Persigny a repris la parole pour bien déterminer le but de la Société de la *Diana*, son importance et les grands services qu'elle pouvait rendre aux sciences historiques et archéologiques, non-seulement du Forez, mais de la France entière, dont notre pays est une des provinces les plus considérables. M. le ministre est entré dans des détails pratiques du plus haut intérêt et a fait appel à toutes les aptitudes et à tous les dévouements pour faire porter à la société naissante les fruits précieux qu'on est en droit d'en attendre. Après avoir déclaré la séance levée, Son Excellence a invité l'assistance à le suivre dans la salle de la *Diana*.

Sur un piédestal, au fond, on avait placé le buste en plâtre de M. de Persigny. Ce buste, drapé à la romaine et sur lequel on n'a appelé l'attention du Ministre que le lendemain matin, est l'œuvre un peu hâtive, mais habilement modelée de notre compatriote, M. Mathelin, auteur du Saint-Louis de la maison des Gauds, qui ne s'est servi pour obtenir la ressemblance assez exacte de M. de Persigny que d'une photographie.

On a également présenté à Son Excellence M. Henri Gonard, fils du banquier de Montbrison, un jeune dessinateur d'avenir qui, avec une persévérance digne d'encouragement, a fait un album des divers écussons de la *Diana* et des principaux monuments du Forez. Le Ministre a vivement félicité M. Mathelin et M. Gonard de leur travail et les a fortement engagés à persévérer dans leurs études.

En sortant de la *Diana*, le cortége officiel s'est dispersé en attendant l'heure du banquet. Son Excellence est allée, nous a-t-on dit, visiter les ruines du vieux manoir de Moingt à quelques kilomètres de Montbrison.

XIV

Le banquet a eu lieu à sept heures, dans la halle aux grains, transformée comme par enchantement en une salle de gala. Partout des fleurs, de la verdure, des bannières aux armes de la ville et des cantons, des drapeaux. Les murs disparaissaient sous le feuillage. Des lustres et des girandoles distribuaient une lumière éclatante : C'était vraiment féerique. La façade était illuminée sur toute son étendue et un rond point, ménagé devant la porte, aboutissait aux boulevards et était gardé par les pompiers. La musique de Montbrison était au centre, et dès que le repas a été commencé elle a joué tous les morceaux les plus brillants de son riche répertoire avec un ensemble et une précision qui font le plus grand honneur à ces artistes amateurs et à leur chef. Cette institution est encore due à M. de Saint-Pulgent, l'homme le plus populaire de l'arrondissement de Montbrison.

Au fond de la salle du banquet, au-dessus de la tête du Ministre, s'élevait le buste de l'Empereur couronné de lauriers d'or. A droite et à gauche de l'effigie du souverain s'étalaient les armes de M. de Persigny et celles de la ville de Montbrison.

M. Majoux a conduit le Ministre à la place d'honneur. A ce moment, M. de Persigny était radieux. La fanfare a donné le signal, les invités ont pris place et le repas a commencé. Il y avait près de deux cents couverts. La musique continuait à jouer dehors et l'on entendait la grande voix de la foule sans cesse accrue qui arrivait jusque vers les convives. La solennité de cet empressement populaire servait de cadre à la franche cordialité qui régnait autour des tables.

Le premier toast a été porté par M. le comte de Charpin-Feugerolles, député de la Loire. Au dessert, il s'est levé et a motivé en ces termes un triple toast à l'Empereur, à l'Impératrice, au Prince Impérial !

« A l'Empereur,

»Au souverain qui, par sa fermeté autant que par la gloire attachée à son nom, a préservé la France de l'anarchie et a rétabli son influence au dehors.

»Au protecteur éclairé des lettres, des sciences et des arts, sous les auspices duquel nous sommes réunis aujourd'hui.

» A l'Impératrice,

»Modèle de grâce et de bonté, si digne de notre affection, qui personnifie à nos yeux le dévouement, la bienfaisance et les plus nobles sentiments.

»Au Prince Impérial,

»Dont les qualités précoces sont pour nous le gage assuré de l'avenir.

» Vive l'Empereur !

» Vive l'Impératrice !

» Vive le Prince Impérial ! »

Tout le monde s'est aussitôt levé et, le verre en main, a répété la triple acclamation.

M. Majoux a ensuite porté le toast suivant :

A la Société de la Diana et à Son Exc. M. le comte de Persigny.

»Tous les hommes qui s'intéressent à l'histoire et aux sciences, et qui, profondément dévoués à leur pays, désirent autant leur développement moral et intellectuel que sa prospérité matérielle ; tous ceux qui aiment à fouiller dans le passé pour y rechercher ce qu'il a produit de noble, de grand, de beau, et de bien et en faire profiter les générations présentes et futures; tous ces hommes doivent être frappés du spectacle qui est offert aujourd'hui à la ville de Montbrison, cette ancienne capitale du Forez: une société nombreuse, organisée en peu de mois, composée des éléments les plus propres à en assurer le succès et la durée, se réunissant à l'appel d'un illustre compatriote et se groupant avec enthousiasme autour de lui pour étudier l'histoire de la province du Forez et rechercher les objets d'art et les antiquités qu'elle renferme ; aucun spectacle ne pouvait réjouir davantage ceux qui se dévouent à la science et à leur pays.

» Grâces soient rendues à M. le comte de Persigny d'avoir conçu et exécuté si heureusement un projet d'une si haute importance. C'est à lui que la France est redevable de l'inventaire des archives départementales, magnifique création dont les résultats seront immenses pour l'histoire, les arts et les sciences. Les travaux de votre Société auront un succès analogue ; ils permettront de réunir et de classer tous les documents bibliographiques du Forez et fourniront aux hommes d'étude les matériaux nécessaires pour produire un jour des ouvrages d'histoire ou de science, qui feront la gloire de notre pays.

» Vous aurez une large part de cette gloire, Monsieur le Comte, vous qui aurez aplani les principales difficultés de cette entreprise ; vous aurez aussi la gloire d'avoir restauré un des plus beaux monuments historiques de France, et la postérité bénira votre mémoire, comme vos contemporains et compatriotes vous admirent et vous aiment.

» Vive M. le comte de Persigny ! »

Ces paroles ont produit un effet inexprimable. Toutes les vivacités de l'enthousiasme de la journée semblaient s'être réunies dans un immense éclat de voix, dans un cri formidable, et c'est à grand'peine que M. de Persigny a pu obtenir assez de silence pour répondre ainsi :

« Monsieur le Maire,

» Je vous remercie au nom de la Société
» de la *Diana* de la magnifique hospitalité
» que la ville de Montbrison vient de lui of-
» frir. Les arrondissements de Saint-Etienne
» et de Roanne ont accueilli avec empresse-

» ment la proposition de mettre le siége de
» notre Société à Montbrison. Ils ont recon-
» nu qu'il était juste de rendre cet homma-
» ge à notre ancienne capitale et de la dé-
» dommager des avantages qu'elle a perdus.
» Montbrison, de son côté, a noblement té-
» moigné de sa reconnaissance; les uns et
» les autres ont été dignes du Forez. Quant
» à moi, Messieurs, j'ai besoin de vous re-
» mercier des marques si éclatantes de sym-
» pathie que vous me donnez; il semble que
» vous vouliez faire mentir le proverbe: *Nul*
» *n'est prophète dans son pays;* car tout ce
» que je dis, vous l'approuvez; tout ce que
» je propose, vous l'acceptez. Mais votre
» bienveillance pour moi n'exaltera pas ma
» vanité, car ce n'est pas mon mérite que je
» vois au travers de ces témoignages de
» sympathie, c'est votre bonté, c'est votre
» générosité.

» Je crois du reste bien comprendre les
» sentiments qui vous animent à mon sujet.
» Vous vous dites: « Voilà un de nos com-
» patriotes qui, par son dévouement à une
» grande cause, est parvenu à une situation
» élevée de l'Etat; » mais ce n'est pas la
» cause vraie de votre sympathie. La cause,
» c'est que vous vous dites encore, et vous
» avez raison: « Ce Ministre aime son pays

» natal, il nous aime, et il faut l'aimer un
» peu à notre tour. »

» Eh bien, je vous en remercie de tout
» mon cœur et je vous prie en conséquence
» de me permettre de proposer un toast qui
» résume nos sentiments à tous : « A notre
» chère, à notre noble province du Forez ! »

De toutes les extrémités de la salle on a applaudi, et, répété : *Au Forez! Vive M. de Persigny!*

Au moment où les invités sortent de la salle du banquet, les vivats recommencent avec une nouvelle énergie et le coup-d'œil est magique. Des feux de Bengale illuminent soudain toute la façade de la Halle et toute la place de la Grenette. La musique et les pompiers portant des torches, précédent et escortent le cortége. A peine M. de Persigny a-t-il paru, que de toutes les poitrines s'échappe un seul et même cri de : *Vive M. de Persigny!* Cette multitude semblait n'avoir plus qu'un seul cœur, qu'une âme, *cor unum et anima una*.

C'était un splendide spectacle. A mesure que le cortége s'avance, les feux de Bengale s'allument sous ses pas et, en éclairant toutes les têtes, projettent au loin leurs reflets tricolores. L'embrâsement est général. Jamais promenade aux flambeaux n'eut un pareil éclat. Ajoutons que tout le parcours sur le boulevard est éclairé de lanternes vénitiennes avec une profusion sans exemple. Des feux courent à tous les arbres, encadrent toutes les fenêtres. La musique joue, le peuple aeclame, le Ministre ne suffit pas à saluer cette foule. Tous les dix pas, devant le cortège, des coureurs allumaient de nouveaux feux de Bengale, rouges, bleus, blancs qui lançaient dans le feuillage des grands arbres du boulevard leurs fantasmagoriques reflets.

Le cortége allait d'un pas rapide. Dans le peuple, mêlé aux invités, il y avait une exaltation vraiment flatteuse et communicative. C'était comme une des nuits célèbres de Venise en fête, non pas de la Venise autrichienne ; mais de la Venise opulente, fière et heureuse du moyen-âge, de la Venise des doges et des sénateurs, de la Venise contemporaine de notre *Diana*, devant laquelle le cortége est arrivé et s'arrête. Là, un nouveau et splendide tableau s'offre aux regards. Toute la façade de la *Diana* est illuminée. Au milieu, au-dessus d'un écusson transparent, sur lequel se détachent les armes de Montbrison « de gueules à un château donjonné d'argent, au chef d'azur à trois fleurs de lys d'or » on lit dans son large cadre, en style du XIIIe siècle.

NAPOLÉONE III AUGUSTO IMPERANTE,

DIANA NOSTRA MONTBRISONENSIS

TEMPORE NEFASTO NUDATA

AUSPICIIS ET MUNIFICENTIA PROECLARI COMITIS DE PERSIGNY,

PLAUDENTE CIVITATE, GAUDENTE SCIENTIA,

INSTAURANDA SURREXIT.

A droite, au-dessus des armes du Forez qui

sont « de gueules au dauphin pâmé dor » est écrit ?

COMES FORENSIS
ÆDIFICAVIT
ANNO M.C.C.C.

De l'autre côté, au-dessus du noble écu de Persigny, le présent parle après le passé :

COMES IMPÉRIALIS
RESTITUIT
ANNO M.V.C.C.C.L.X.II.

On fait halte un instant. Après un juste tribut d'admiration le cortége continue sa promenade éblouissante. Les illuminations sont plus nombreuses que jamais, plus brillantes ! on dirait que la fête va recommencer sur le nouveau parcours, et on arrive devant la mairie où le spectacle change : c'est le bal champêtre avec son orchestre en plein vent.

La place, entourée de fleurs et de feuillages, est illuminée par un double cordon de feux. Un portique rustique resplendit de clartés ménagées avec une habileté et un goût qu'on ne saurait trouver qu'à Paris les jours des fêtes souveraines.

Le cortége entre dans l'enceinte et s'arrête devant l'estrade de l'orchestre. A ce moment les instruments redoublent leurs provocations, et les quadrilles se forment aussitôt. M. de Persigny invite une piquante plébéienne, Mlle Bollon, fille d'un cantonnier, surprise et émue de la préférence; ses compagnes sont déjà jalouses, mais les danseurs ne manquent point. Le préfet, le général, M. de Vougy, le sous-préfet, M. Tezenas, M. Majoux ont fait leur choix; on les imite; les violons donnent le signal de la danse et le bal est en train. C'est une gaîté universelle : les spectateurs applaudissent, et quand le quadrille officiel est terminé, le public enchanté envahit la salle. Les vieux, les jeunes, tout le monde veut en être : c'est aujourd'hui la fête de tout le monde, la joie n'a pas de rides. Bien avant dans la nuit, on entend encore le bruit des instruments et les éclats de franche gaîté des danseuses.

A onze heures, un punch est offert aux invités dans les salles de la Mairie. M. de Persigny s'y rend un instant, et ce n'est qu'à grand'peine qu'il se décide à quitter, enfin, cette population dont toute la journée il a été l'idole et qui ne se lasserait jamais de lui témoigner son affection et son dévouement.

Durant toute cette mémorable journée, l'ordre le plus parfait n'a cessé de régner. Un temps à souhait a favorisé cette belle fête. Une pluie abondante était tombée la veille et faisait craindre qu'une partie des préparatifs faits pour cette circonstance devinssent inutiles. C'eût été dommage : car chacun s'accorde à louer le goût déployé par les honorables citoyens qui ont bien voulu accepter les fonctions de commissaires de la fête. Nous citerons MM. Chazelle, adjoint, Rey et Boudoint, qui ont présidé à la décoration des boulevards et aux illuminations de la soirée; MM. Benoist, Hâtier et Dalicout, qui ont fait élever les arcs de triomphe que nous avons décrits; enfin, MM. Bourboulon, Perrier et Croizier, qui ont, dans l'installation de la salle du banquet fait preuve d'un talent et d'un goût consommés.

XV

Le 30, à onze heures du matin, M. de Persigny, après diverses réceptions, a quitté Montbrison. C'était jour de marché, et, en traversant la ville, il a pu recueillir de nouvelles marques de respectueuse sympathie des populations des campagnes. Des cris de : *Vive M. de Persigny !* l'ont accompagné jusqu'à l'extrémité du faubourg St-Jean.

Le Ministre voulant donner à notre agriculture un témoignage de sa haute sollicitude, comme il l'avait fait pour nos industries, s'est rendu au beau et grand domaine de Sourcieux, appartenant à M. Francisque Balay qui, par de grands sacrifices et de louables efforts, a rendu d'immenses services à l'agriculture de notre pays en le dotant de tous les progrès réalisés et en contribuant si puissamment a l'assainissement de la plaine du Forez.

Dans cette visite, M. de Persigny était accompagné de M. le préfet, de M. Graëff, ingénieur en chef des ponts et chaussées, de M. de St-Pulgent, préfet de l'Ain, de MM. de Charpin-Feugerolles et Pupil de Sablon, membres du Conseil général, et de M. Tezenas, sous-préfet de Roanne. Il a été reçu par M. Francisque Balay, et M. le préfet lui a présenté MM. Serre et Thevenon, cultivateurs et éleveurs distingués de la plaine, lauréats de tous les concours agricoles.

Malgré une pluie fine et persistante, M. de Persigny a visité tous les bâtiments d'exploitation, les étables, placées dans d'excellentes conditions de salubrité, où il a admiré six magnifiques bœufs de la race Durham ou provenant de croisement avec la race charolaise et poussés au dernier degré de l'engraissement; les bergeries, renfermant 260 têtes de bétail, dont 110 beaux agneaux de l'année appartenant à la race Southdown ou à ses croisements avec la race du pays; la porcherie, contenant 150 têtes de diverses races anglaises pures, les seules qui soient admises à Sourcieux.

La bergerie que le ministre a particulièrement remarquée est construite d'après un système conçu par M. F. Balay; elle consiste en une vaste cour, divisée en compartiments et entourée de petits hangars très bas, couverts en chaume; grâce à cette ingénieuse disposition, les moutons ne sont jamais malades; ils peuvent à leur gré s'abriter ou rester en plein air.

M. de Persigny a aussi visité les granges et les magasins d'instruments aratoires, puis il s'est rendu dans les prairies assainies par le drainage et n'attendant plus que l'eau promise par le projet d'irrigation dont la réalisation sera en bonne partie due à M. Balay, qui a souscrit pour une somme considérable. Son Excellence a ensuite jeté un coup-d'œil sur les pâturages, où se trouvaient 170 animaux des races Durham, Ayr, charolaise ou dans les croisements de ces races. Un état des naissances tenu avec le plus grand soin permet de reconnaître l'utilité des divers croisements.

On sait que M. Francisque Balay a importé dans le pays toutes les machines agricoles perfectionnées, et que les expériences qu'il a faites, les exemples qu'il a donnés ont puissamment contribué à faire sortir nos agriculteurs de la routine. Il a fait fonctionner devant le Ministre une faucheuse d'Allen, une moissonneuse de Burgess et Rey, puis il a soumis à l'attention de Son Excellence les rateaux Howard, la faneuse Nicholson, une collection complète de semoirs, houes à cheval, rouleaux, scarificateurs, etc.

M. de Persigny a tout examiné avec la plus scrupuleuse attention, et il a chaleureusement félicité M. Francisque Balay de ses patriotiques et heureuses innovations, ainsi que de l'habile et intelligente administration de Sourcieux, que les étrangers considèrent comme une des plus remarquables exploitations agricoles de la France. M. Monin, régisseur de la ferme, ancien élève de Grignon, qui a droit aussi à des éloges, a été présenté à l'illustre visiteur.

On nous apprend que M. Francisque Balay, éleveur très-renommé, lauréat aux concours de Lyon et de Poissy, vient d'être nommé, sur la proposition de M. de Persigny, chevalier de la Légion-d'Honneur. C'est assurément une récompense bien méritée et un utile encouragement à l'agriculture de notre département, dont les produits, grâce au zèle et au dévouement d'hommes comme M. Balay, pourront bientôt lutter avec ceux des contrées les plus avancées et les plus favorisées.

A deux heures de l'après-midi M. de Persigny reprenait la route de Paris, heureux, sans doute, de ce nouveau voyage presque triomphal dans le pays qui l'a vu naître, mais faisant toujours remonter les honneurs exceptionnels qui lui sont rendus, les brillantes ovations dont il est l'objet, au souverain que nos populations confondent en effet dans leurs sentiments de reconnaissance avec leur cher compatriote. Ses vues élevées et franchement libérales, sa constante sollicitude pour tous les intérêts du pays, dans l'ordre moral comme dans l'ordre matériel, font aimer l'Empereur et consolident sa dynastie.

Nous n'affirmerions pas que tous les dévouements qui affectaient de se presser autour du Ministre fussent exempts d'arrière-pensées d'ambition : il y a tant de mensonges et d'hypocrisies dans les adulations de certaines gens habitués à encenser tous les pouvoirs ! Mais après toutes les éclatantes marques d'affection que M. de Persigny vient de recevoir d'une population entière, s'il pouvait lire aujourd'hui dans la pensée des Foréziens, il verrait qu'en 1862 comme en 1858 et en 1860, les démonstrations populaires étaient bien sincères, que son souvenir est plus que jamais profondément gravé dans les cœurs de ses concitoyens.

Manet alta, mente ripostum.

Saint-Etienne. — Imprimerie Ch. Robin.

www.ingramcontent.com/pod-product-compliance
Lightning Source LLC
Chambersburg PA
CBHW070320100426
42743CB00011B/2493